辜鴻銘
中國人的精神

辜鴻銘 著

從文化交流到思想碰撞
解析中國文化的核心

探索中國傳統文化的智慧
體悟東方哲學的思想價值
喚醒對信仰、倫理的尊重與思考

辜鴻銘的經典代表作

目 錄

序言		005
第一章	好公民的宗教	019
第二章	中國人的精神（上）	029
第二章	中國人的精神（中）	055
第二章	中國人的精神（下）	075
第三章	中國婦女	089
第四章	中國語言	115
第五章	約翰・史密斯在中國	127
第六章	一個大漢學家	137
第七章	中國學	147
第八章	暴民崇拜教或戰爭及其出路	163

目錄

第九章	181
第十章	211
第十一章	249
第十二章	261
第十三章　君子之道	271
第十四章	277
記辜鴻銘	283

序言

　　本書的目的，是去嘗試解釋中國文明的精神並揭示其價值。在我看來，如今要想評估一個文明的價值，我們最應關注的問題不是其所建造的或能建造的城市是如何宏偉，建築是如何華麗，道路是如何通達；不是其所製造或能製造的家具是如何典雅舒適，儀器、工具或者設備是如何巧妙實用；甚至也與其創造的制度、藝術和科學無關：為了評估一個文明的價值，我們應該探求的問題是人性類型，也即這種文明產生了什麼類型的男人和女人。事實上，男人和女人——人的類型——是文明的產物，正是它揭示了文明的本質和個性，可以說，揭示了文明的靈魂。如果文明造就的男人和女人揭示了文明的本質、個性和靈魂，那麼，男人和女人使用的語言則揭示了男人和女人的本質、個性和靈魂。有句關於文學創作的法國諺語如此說到：「風格即其人。」因此，我把三件事：真正的中國人，中國婦女，中國語言——作為本書前三章的標題，以此來解釋中國文明的精神並揭示其價值。

　　作為對這些論題的補充，我將另用兩章來揭示在這個問題上被視為權威的一些外國人，他們是如何以及為何不能理

序言

解真正的中國人和中國語言的。著有《中國人的性格》一書的阿瑟·史密斯，在我看來就不理解真正的中國人，因為，作為一個美國人——他無法深刻地理解真正的中國人。翟理斯博士，他被認為是真正的漢學家，在我看來也並不真正理解中國語言，因為，作為一個英國人，他不夠博大——他缺乏哲學的遠見以及因之而生的博大，我原本想把我寫的對於布蘭德和白克豪斯著名的關於前清皇太后的著作的評論文章收入本書，遺憾的是沒有找到該文章的復件，此文大概四年前發表在上海的《國家評論》上。在那篇文章中，我認為，像布蘭德和白克豪斯那樣的人，他們沒有也不能理解真正的中國婦女——中國文明所造就的最高貴的女人，即清朝皇太后，因為布蘭德和白克豪斯這樣的人不夠純樸——思想不夠率真，過於精明計較，像現代人那樣，擁有的是扭曲了的理智。實際上，為了理解真正的中國人和中國文明，你必須具備精深、博大和純樸的特性。因為中國人的性格和中國文明的三個特徵就是：精深、博大和純樸。

毋庸諱言，美國人難於理解真正的中國人和中國文明，因為一般說來，美國人博大、純樸，但不精深。英國人無法理解真正的中國人和中國文明，因為一般來說，英國人精深、純樸，但不博大。德國人也不能理解真正的中國人和中國文明，因為一般來說，德國人，特別是受過教育的德國人，精深、博大，但不純樸。法國人，——正是法國

人，在我看來，能夠理解並且已經最好地理解了真正的中國人和中國文明（歐洲語言書寫的關於中國文明的精神的最好著作是 G. E. 西蒙的《中國城》），他曾是法國的駐華領事。劍橋的羅斯‧狄金森教授，親口對我說，正是本書激發他寫了著名的《某個中國人的來信》。沒錯，法國人沒有德國人天性的精深，沒有美國人心靈的博大，沒有英國人心靈的純樸——但是法國人，一般來說，擁有一種遠勝於以上提到的各國人的思想品質——這種思想品質，比別的任何東西更有助於理解真正的中國人和中國文明；這種思想品質就是優雅。因為，除了前面提到的真正的中國人和中國文明的三個特徵，我還要加上另外一個，也是主要的特徵，即優雅；在相當程度上說，除了古希臘及其文明以外，很難在別的地方再找到這種優雅。

由此可以看出，如果學習中國文明，美國人將變得精深；英國人將變得博大；德國人將變得純樸；所有的人，美國人、英國人和德國人，按我的愚見，透過學習中國文明，學習中國的著作和文學，一般都將獲得一種心靈品質，即優雅。最後，法國人透過學習中國文明，將得到所有——精深、博大和純樸，以及比其現在更精緻的優雅。因此，我相信，學習中國文明、學習中國的著作和文學，對歐洲和美國的所有人都有益。因此我在本書中再加一章關於中國語言的學問——學習中國語言的步驟的一個概述，這是三十年

前，當我從歐洲回來時，下決心開始學習自己國家的文明的時候為自己制定的；但願這個中國語言的學習步驟的概述對那些想要學習中國語言和中國文明的人有所助益。

最後，我收入了一篇關於時政的文章作為附錄——即〈戰爭與出路〉。眾所周知，談論現實時政是危險的，但我仍打算這麼做，因為這可以證明中國文明的價值，我想說明的是，學習中國文明如何有助於解決當今世界面臨的問題——拯救歐洲文明免於崩潰。事實上，我想表明的是，學習中國語言、中國著作和中國文學不僅僅是漢學家的愛好。

在這篇文章中，我嘗試揭示導致這場戰爭的道德因素；因為，除非戰爭的真正原因的道德被理解並修正，否則無法找到解決之道。在文中我嘗試揭示，戰爭的道德因素，是英國的暴民崇拜和德國的強權崇拜。在文章中，相對於德國的強權崇拜來說，我更強調英國的暴民崇拜。

這裡，我首先要說，德國的道德水準，他們對正義的熱愛，以及隨之而來的對非正義同等憎恨，對所有混亂和無序的憎恨，使德國人信任並崇拜強權。任何熱愛正義、憎恨非正義的人，都傾向於信任和崇拜強權。比如蘇格蘭人卡萊爾就信任和崇拜強權。為何？因為卡萊爾具有德國人的道德水準，憎恨非正義。我之所以說英國的暴民崇拜導致了德國的強權崇拜，正是因為道德水準——德國對非正義、混亂和

無序的憎恨導致他們憎恨英國的暴民、暴民崇拜和暴民崇拜者。當德國人看到英國的暴民、暴民崇拜的政客如何發動非洲波耳戰爭時，他們天生的對英國的暴民、暴民崇拜和暴民崇拜者的痛恨，使德國甘願作出重大犧牲，整個德國甘願以挨餓來建立海軍去鎮壓英國的暴民、暴民崇拜和暴民崇拜者。事實上，我認為，德國發現自己在歐洲被英國慫恿的暴民、暴民崇拜和暴民崇拜者四面包圍，這使得德國更加相信強權，使德國把崇拜強權作為拯救人類的唯一手段。德國的強權崇拜起因於英國的暴民崇拜信仰，進而發展成為現在人人痛恨譴責的、殘暴恐怖的德國軍國主義。

因此我重申，所有的歐洲國家，尤其是英國的暴民崇拜和暴民崇拜信仰，導致了德國的強權崇拜；進而導致了今日歐洲反常的、殘暴恐怖的德國軍國主義。因此，如果英國，所有的歐洲國家以及美國人民想要制止德國軍國主義——他們必須首先制止本國的暴民、暴民崇拜者和暴民崇拜信仰。對於歐洲和美國，也包括日本和中國，今日談論和嚮往自由的人們，我願冒昧告知，在我看來，獲得自由——真正的自由的唯一方法，就是循規蹈矩；是學習正確地循規蹈矩。試看革命前的中國。中國人民有更多的自由——沒有牧師，沒有警察，沒有地稅，沒有所得稅煩擾他們——中國人比世界上別的地方的人有更多的自由；為何？因為在這次革命前，中國人循規蹈矩；知道如何循規蹈矩；知道如

序言

何循規蹈矩做個好公民。但是革命以後——中國的自由少了，為何？因為現代盲目的、新潮的中國人、留學歐美的歸國學生——從上海的歐洲暴民那裡學到如何行為不拘；不做好公民，而是當暴民——被英國外交官和北京的英國海關檢察長慫恿、縱容和崇拜的暴民。實際上，我要說的是，如果歐洲人、英國人想要制止德國軍國主義、普魯士軍國主義，他們就必須把本國的暴民管理好；他們應使本國的暴民正確地循規蹈矩；事實上，他們必須制止本國的暴民崇拜信仰和暴民崇拜者。

但是，儘管我說英國人由於其暴民崇拜導致了德國的強權崇拜和德國軍國主義，不過我必須同時指出，客觀地看待這個問題，我認為戰爭的直接原因主要在德國人，在德國民族而不是別人及其他民族。

為了理解這個問題，我首先要談一下歐洲的德國軍國主義歷史。在宗教改革和三十年戰爭後，日耳曼民族，具有道德水準的日耳曼種族，熱愛正義，憎恨非正義，憎恨所有的混亂和無序，德意志人民以軍國主義為手中劍，成為歐洲文明的公正衛士。換言之，維護歐洲的秩序和整齊的責任，事實上，可以說歐洲的道德霸權落入了德國人手中。在宗教改革後，弗里德里克大帝，像英國的克倫威爾一樣，開始舉起德國軍國主義之劍來維護歐洲，至少是成功維護了歐洲北部的秩序和整齊。弗里德里克大帝死後，他的繼任者不知道如

何用德國軍國主義之劍保衛歐洲文明；事實上，他不適合把持歐洲的道德霸權。結果，整個歐洲，甚至德國法院，成為文明虛飾下仇恨的無底深淵；終於，苦難的人民，法國的普通百姓舉起鋤頭反抗仇恨。起義反抗仇恨的法國普通百姓很快成為暴民，最後他們找到一個強而有力的領袖，拿破崙·波拿巴。他領導暴民掠奪、凶殺、毀滅和蹂躪整個歐洲，直到歐洲國家團結在以德國軍國主義為核心的周圍，在滑鐵盧終結了這個偉大領袖。此後，道德霸權本該重返日耳曼種族——普魯士，這一德意志的脊梁。可是，建立了奧地利王朝的其他種族對此嫉妒並加以阻止。結果，由於沒有德國的道德水準和軍國主義之劍來制止暴民，這些暴民在1848年的猛烈起義打破了歐洲文明。再一次，德國——日耳曼國家的脊梁，具有道德水準和軍國主義之劍的普魯士人從暴民手中拯救了歐洲——拯救了君主政體（俾斯麥稱其為王朝），拯救了歐洲文明。

但奧地利人——建立奧地利帝國的其他種族再起妒意，不讓德國——日耳曼民族的脊梁——普魯士人，接管歐洲的道德霸權，直到1866年普魯士國王威爾海姆和俾斯麥及莫爾特克用武力鎮壓了奧地利人的妒意，德國才重新掌握歐洲的道德霸權。此後，路易斯·拿破崙，他不像他叔叔那樣是個領袖，而是個暴民中的騙子，或者是愛默生所謂的成功小偷，率領巴黎的暴民企圖阻止並奪取德國手中的歐洲

序言

道德霸權。結果，威爾海姆皇帝手持德國軍國主義利劍遠征色當，鎮壓了這個可憐的成功小偷和暴民騙子。信任暴民和暴民騙子的巴黎普通百姓的家園，不是被德國軍國主義，不是被德國人和普魯士人，而正是被他們信任的暴民洗劫燒光。1872年後——不但歐洲的道德霸權，而且歐洲的實際政治霸權終於轉移到了靈魂中有日爾曼種族的道德水準、手中有德國軍國主義之劍的德國手中，由此壓制了暴民，維護了歐洲和平，由於德國的道德水準和德國軍國主義之劍，歐洲自1872年到現在享有了43年的和平。辱罵和譴責德國軍國主義和普魯士軍國主義的人應該明白，歐洲恰恰應該感激而不是辱罵和譴責德國和普魯士軍國主義。

上文我不辭辛苦地給出歐洲德國軍國主義的大略描述，是為了讓德國人知道，我並不是對他們有偏見才說出下面要說的話，以此來說明這場戰爭真正的直接責任主要在他們，在德國人民和德意志民族而不是別人。我說這場戰爭真正的直接責任主要在德國人民和德意志民族而不是別人；為何？——因為權力意味著責任。

我說過，德國人對正義的熱愛，對非正義的憎恨，對混亂和無序的憎恨，使得他們信任和崇拜強權。我要說的是，對非正義的憎恨，對混亂和無序的憎恨，當它過於強烈，當它達到過分的程度時，也就成了一種非正義，一種可怕駭人的非正義，甚至比混亂和無序更為罪惡和錯誤。正是這種對

正義的熱愛所導致的對非正義的過分憎恨，強烈的、狹隘的、固執的、刻板的對非正義的憎恨，在古希伯來人那裡達到過分的程度——歐洲人是從古希伯來人那裡學到知識和對正義的熱愛，正是這種憎恨毀滅了以色列國。耶穌基督把他的人民從這種過於強烈的、狹隘的、固執的、刻板的對非正義的憎恨中拯救出來。基督，用馬修·阿諾德所說的妙不可言的福音對他的人民說：「記住，我是溫和謙卑的，要給你們心靈的和平。」但是猶太人——他的人民不聽他的；他們非但不聽，還把他釘死在十字架上，結果——猶太國毀滅了。接下來羅馬人成了歐洲文明的衛士，基督說，「拿劍的人會和劍一起毀滅！」但是羅馬人也不聽他的，相反，卻贊同猶太人把他釘死在十字架上。結果——羅馬帝國和古老的歐洲文明毀滅消失了。歌德說：「人類一定花了很長的時間才明白要對罪人溫和，對犯人仁慈，對野蠻人有人性。最先教導和為了實現這種可能並推進它的實行而獻身的人，一定是具有神性的人。」

　　按照不朽偉人歌德的話，我想呼籲德國人民和德意志民族，除非他們找到了制止自己對非正義那狹隘、固執、刻板、過分的憎恨的辦法，除非他們拋棄對強權的絕對信任和崇拜——他們，德意志民族，如猶國一樣，將會毀滅，而需要有力護衛的歐洲文明，也會像古代歐洲文明一樣崩潰消失。因為，正是過於強烈的、狹隘的、固執的、刻板的對

013

序言

　　非正義的憎恨，讓德國人和德意志民族信任和崇拜強權；正是對強權的絕對信任和崇拜使德意志民族、德國外交官、德國官員和德國人，在對待別人的行為上輕率無禮。我的德國朋友曾要我給出德國的強權崇拜、德國無禮的證據，我只需指點北京的科特勒紀念碑給他們看就可以了。北京的科特勒紀念碑是德國強權崇拜、德國外交無禮、德國外交事務無禮的紀念碑。（德國大臣科特勒男爵，他在中國義和團狂熱爆發的時候被一名瘋狂的軍人失手殺死。作為對那個瘋子行為的懲罰，德國外交官堅持在中國首都大街上建立科特勒紀念碑，要在整個中國的額頭上烙下一個去除不掉的恥辱烙印。義和團爆發前，俄國大臣卡西尼伯爵，後來在和美國記者的談話中說：「中國人是有教養的人民，英國和德國大臣則缺乏教養，——特別是在北京的德國大臣，簡直蠻橫。」）正是德國的強權崇拜，以科特勒紀念碑為明證的德國外交的無禮，讓俄國沙皇說出：「我們忍了七年了，該結束了。」德國外交的無禮讓真正熱愛和平的沙皇和歐洲最好的人民，最通情達理、最可愛、最親切、最不記仇的歐洲人——俄國人，站在英國和法國的暴民和暴民崇拜者一邊，簽訂了三方協議；讓俄國最終站在塞爾維亞的無政府暴民這邊，於是戰爭爆發。一言蔽之，德國外交、德國人、德意志民族的無禮，是這場戰爭的直接原因。

　　因此我說，如果德意志民族，今日現代歐洲文明真正

的、公正的、合法的衛士,不該毀滅,如果現代歐洲文明應該拯救——德意志民族、德國人就必須想辦法制止導致他們絕對信任和崇拜強權的、過於強烈的、狹隘的、固執的、刻板的對非正義的憎恨;事實上,他們必須想辦法制止導致他們輕率無禮的、對強權的絕對信任和崇拜。那麼,德意志民族和德國人民從何處尋找制止他們對強權的絕對信任和崇拜的辦法呢?我要說,德意志民族,德國人,可以在他們偉大的歌德的話裡找到答案。歌德說:「世界上有兩種和平力量:正義和禮法。」

正義和禮法,即 das recht und die schichlichkeit,是中國孔子教導我們中國人的好公民宗教的本質;禮法,更是中國文明的本質。希伯來人的文明宗教教導歐洲人正義的知識,但沒有教導禮法;希臘文明教導歐洲人禮法的知識,但沒有教導正義。而中國的文明信仰同時教導了中國人正義和禮法——das recht und die schichlichkeit。希伯來聖經,是歐洲人建立現代文明的文明設計圖,教導歐洲人愛正義,做公正的人,做正確的事。但中國的聖經——中國的四書五經,孔子為我們中國人留下的文明設計圖,也教導我們愛正義,做公正的人,做正確的事,不過補充道:「愛正義,做公正的人,做正確的事——但要合乎禮法」。簡言之,歐洲宗教說:「做好人。」可中國信仰說:「做守禮的好人。」基督教說:「愛別人。」可孔子說:「愛人以禮。」守禮並對正義的信仰,

序言

即我所說的好公民宗教，我認為，它是歐洲人，特別是戰爭中的各國人民此時想要結束戰爭，拯救歐洲文明，拯救世界文明的新宗教。這種新宗教，歐洲人可以在中國—— 在中國文明中找到。因此我嘗試在這本小冊子中解釋和揭示其價值—— 中國文明的價值。我這樣做是希望所有受過教育、嚴肅思考的人，透過讀這本書，可以更容易理解這場戰爭的道德原因，而理解這場戰爭的道德原因，對結束這場前所未見的殘暴、野蠻、無益、恐怖的戰爭大有裨益。

如果我們想有助於結束戰爭，我們所有人應該首先制止今日世界的暴民崇拜和強權崇拜，如我所言，這是戰爭的原因。要想制止暴民崇拜，只有在我們的日常生活中，在我們的一言一行中，我們每一個人都首先都不要考慮利益、私利—— 即有所圖，而是考慮歌德所說的那個詞—— 正義。孔子說：「君子喻於義，小人喻於利」—— 即有所圖。進一步說，我們要制止世界上的暴民崇拜，我們就必須具有即便得不到好處，也要拒絕加入群氓—— 暴民中去的勇氣。伏爾泰說：「懦弱是所謂好人的悲哀。」我要說，正是因為我們大家的自私和懦弱，自私讓我們考慮利益、私利、能有所圖，而不是正義，而懦弱讓我們害怕獨立抗拒大眾、抗拒暴民—— 因為我們大家的自私和懦弱引發了今日世界的暴民和暴民崇拜。人們說德國軍國主義是今日世界的敵人和威脅。我說我們大家的自私和懦弱才是今日世界的真正敵人：

我們的自私和懦弱結合在一起，就是重商主義。世界上所有的國家，特別是英國和美國，它們的重商主義精神是今日世界的真正敵人。我認為，是我們大家的重商主義精神，而不是普魯士軍國主義，才是今日世界真正的、最大的敵人。如我所言，因為重商主義，這一自私和懦弱的結合，導致了暴民崇拜信仰，而英國的暴民崇拜信仰導致了德意志民族的強權崇拜信仰，導致了德國軍國主義，最終導致這場戰爭。這場戰爭的始源，我認為，不是軍國主義，而是重商主義，是我所說的我們大家的自私和懦弱的結合。因此，如果我們要結束戰爭，我們大家一定要首先制止重商主義精神，制止我們大家的自私和懦弱的結合；簡言之，我們必須首先想到正義而不是利益，並有勇氣抗拒大眾——抗拒暴民。我認為，只有這樣，只有這樣我們才能制止暴民崇拜和暴民崇拜信仰，而只有制止暴民崇拜和暴民崇拜信仰，我們才能制止這場戰爭。

一旦我們制止了暴民崇拜，就會很容易制止強權崇拜，就能很容易制止德國軍國主義，制止普魯士軍國主義。要制止強權崇拜，制止這個世界的德國——普魯士軍國主義，我們只要考慮歌德所說的另外一個詞——禮法，考慮如何符合禮法地做事，也就是正確做事；因為強權——軍國主義，甚至普魯士軍國主義對知道如何循規蹈矩的人無計可施，而且會很快意識到自己無益處也無必要。這就是好公民

序言

宗教的本質；這就是中國文明的祕密。這也是德意志民族的歌德給予歐洲人民新文明的祕密，這個文明的祕密就是：不可以暴抗暴，要用正義和禮法；事實上制止暴力以及世界上任何罪惡的事情，不是靠暴力，而是靠正確言論和循規蹈矩；正確言論和循規蹈矩，也就是做正確的事並遵守禮法。這是中國文明的精髓和靈魂，是中國人精神的本質，也是我在本書中要解釋和說明的。

最後，我要用中國義和團之變後寫的《總督衙門的檔案》這本書的結尾的話作為結束。這是法國詩人貝朗哥的話，我認為非常適合現在的情形。

我已經看到和平在慢慢地降臨，
她把金色的麥穗花兒撒向大地；
戰爭的硝煙已經散盡，
她抑制了讓人驚昏的戰爭霹靂。
啊！她說，大家都是好人，
英、法、比、俄、德人
共同結成一個神聖同盟，
拉起大家的手吧！

辜鴻銘

北京，1915 年 4 月 20 日

第一章
好公民的宗教

第一章　好公民的宗教

> 難道我們這樣做有什麼不妥嗎？群氓，我們必須愚弄他們；
>
> 你看，他們是多麼懶惰無能！多麼野蠻！
>
> 所有亞當的子民，當你愚弄他們時
>
> 都是無能和野蠻的，
>
> 唯有真誠，才能使他們煥發人性。
>
> 歌德

目前的大戰吸引了整個世界的注意，人們不再關心其他事情。但是我認為，這場戰爭自身應該使那些認真思考的人把他們的注意力轉移到文明這個大問題上來。所有的文明都始於對自然的征服，比如透過征服和控制自然中令人恐怖的物質力量，使得它們不能有害於人類。今天，現代歐洲文明已經連續成功地征服了自然，而且必須承認，至今沒有任何其他文明能夠達到這一點。但是，在這個世界中，還有一種比自然中恐怖的物質力量更為可怕的力量，那就是人心中的激情。自然的物質力量能夠給人類帶來的傷害，遠遠比不上人類的激情給人帶來的傷害。因此，在這種可怕的力量即人類的激情能夠得到正確地調節和控制之前，顯然是不可能有什麼文明的，甚至連人類的生命可能性都沒有。

在社會的早期和野蠻階段，人類必須用自然的物質力量來控制和抑制人類的激情。因此野蠻部落就受到純粹的自然

力量的抑制。但是隨著文明的出現，人類發現了一種比自然力量更為有力和有效的控制人類激情的力量，這種力量就是道德的力量。過去在歐洲人中抑制和控制人類激情的道德力量是基督教。但是現在這場之前說到的軍備戰爭，似乎表明基督教作為一種道德力量已經不再有效。在沒有一種有效的道德力量來控制和抑制人類激情的情況下，歐洲人只有再次利用自然力量來維持文明秩序。確實如卡萊爾說的那樣：「歐洲處於無政府狀態，外加一個警察。」利用自然力量來維持文明秩序最終則導致軍國主義。實際上，今天歐洲之所以需要軍國主義是因為缺乏一種有效的道德力量。但是軍國主義導致戰爭，而戰爭意味著破壞和浪費。因此，歐洲人進退兩難。如果他們遠離軍國主義，那麼無政府狀態將毀壞他們的文明，但是，如果他們堅持軍國主義，他們的文明也會因為戰爭的浪費和破壞而崩潰。但英國人說，他們決定擊潰普魯士的軍國主義，而且基希勒勛爵相信，他能夠憑藉三百萬訓練有素、裝備精良的英國軍隊來撲滅普魯士的軍國主義。不過在我看來，一旦普魯士的軍國主義被撲滅，則會產生另一個軍國主義——英國軍國主義，而它也必定會被撲滅。因此，似乎看來沒有逃出這一惡性循環的道路。

但真的是無路可走嗎？不，我相信一定有出路。美國的愛默生在很久以前說過，「我能夠輕易地看到步槍崇拜的破滅，儘管偉大人物是步槍崇拜者；而且確實如此，就像上帝

第一章　好公民的宗教

證明一樣,武器需要另一個武器,唯有正義和禮法能夠產生一勞永逸的革命。」如今,如果歐洲人真的想要撲滅軍國主義的話,那就只有一條出路,那就是用愛默生所說的不需要另一種武器的武器,即正義和禮法,實際上也就是道德力量。只要有一種有效的道德力量,軍國主義就不再需要,它自身也就會消失。但是現在,基督教作為一種道德力量已經不再有效,問題是,歐洲人去何處尋找這種能夠使得軍國主義不必要的新的道德力量?

我認為,歐洲人將在中國,在中國文明中找到這種新的道德力量。這種能夠使得軍國主義成為多餘的道德力量就是好公民的宗教。當然人們會對我說,「中國也有戰爭啊。」確實,在中國也有戰爭;但是,自從孔子以後,多少年來,我們中國人就沒有發生過今天在歐洲所見到的那種戰爭。在中國,戰爭是偶然的,然而在歐洲,戰爭成了一種必然。我們中國也可能會發生戰爭,但我們不會生活在不斷的戰爭陰影之下。實際上,在我看來,歐洲這種狀態中無法忍受的一件事情不是戰爭,而是每一個個體常常擔心他的鄰居會像他一旦足夠強大所做的那樣對他,即來搶奪甚至殺害他,因此他要麼武裝自己,要麼僱傭一個武裝警察來保護他。因此歐洲人身上的重擔與其說是戰爭,還不如說是持續地武裝他們自身的必要性,運用自然力量來保護他們自身的絕對必要性。

如今在中國，由於我們中國人有好公民的宗教，所以一個人不會覺得需要用自然力量來保護自己，他甚至很少需要召來和運用國家機器的力量來保護自己。在中國，一個人透過他的鄰居的正義感而得到保護；他透過他的同類時刻服從道德義務感而得到保護。確實，在中國，一個人不覺得需要用自然力量來保護自己，因為他確信每個人都認識到公正和正義是比自然力量更高的力量，因此每個人都認為道德義務是必須得到服從的東西。現在，如果能夠使得所有的人一致地認識到公正和正義是比自然力量更高的一種力量，道德義務是某種必須服從的東西，那麼自然力量的運用就沒有必要了，那麼這個世界就不再會有什麼軍國主義了。當然，在每一個國家還是有一些人，如犯罪分子；在這個世界有一些殘暴之徒，他們不會或者無法認識到公正和正義是高於自然力量的一種力量，他們因此也不會或無法認識到道德義務是某種必須服從的東西。因此，為了防備犯罪分子和殘暴之徒，在每個國家和這個世界一直還是需要一定數量的自然的或警察力量和軍國主義。

但人們會對我說，你如何使得人類認識到公正和正義是一種比自然力量更高的力量呢。我覺得，必須要做的第一件事情就是使得人類相信公正和正義的有效性，使得他們相信公正和正義是一種力量，實際上就是使他們相信善的力量。但又是如何做到這一點呢？好，為了做到這一點，在中國，

第一章　好公民的宗教

好公民的宗教在每一個孩子一旦能夠理解言詞的意義的時候就教導他們，人性本善（人之初，性本善）。

今天歐洲文明在本質上的不安全性，在我看來，在於它錯誤的人性觀念；它是人性惡的觀念，由於這一錯誤的觀念，歐洲的整個社會結構就一直建立在強力之上。歐洲人用來維持文明秩序的兩個東西，分別是宗教和法律。換句話說，歐洲人是由於害怕上帝和恐懼法律而保持著秩序的。恐懼意味著強力的使用。因此，為了保持對上帝的恐懼，歐洲人首先就得養一大批花費昂貴的閒人，也就是所謂的牧師。不說別的，單就如此高的花費而言，最終都成了人民一項不可承受的負擔。實際上，在宗教改革的三十年戰爭中，歐洲人試圖取消牧師。在取消牧師之後，誰來保證人民恐懼上帝以保持秩序呢？歐洲人試圖透過對法律的恐懼來做到這一點。但是要保持對法律的恐懼，歐洲人需要養另一個花費更為昂貴的閒人階層，那就是警察和軍隊。如今，歐洲人開始發現透過養護警察和軍隊來維持秩序，甚至比養護牧師更需要災難性的開支。確實，就像在宗教改革的三十年中歐洲人想要取消牧師一樣，如今在當前的戰爭中，歐洲人真正希望的是，取消軍隊。但是，如果歐洲人想要取消軍隊的話，擺在他們面前的選擇要麼是召回牧師以保持對上帝的恐懼，要麼就是去找到另一種別的東西，它能夠像畏懼上帝和恐懼法律一樣，幫助他們維持文明秩序。把這個問題說得明白些，

我認為，每個人都會承認，這是擺在戰後歐洲人面前文明的最大問題。

如今，他們在有了牧師的經歷之後，我不認為歐洲人還會想要召回牧師。俾斯麥曾說：「我們永遠不會回到卡諾薩。」此外，即使現在召回牧師也無益，因為歐洲人現在不再畏懼上帝。因此，如果歐洲人想要消除警察和軍隊的話，擺在他們面前的唯一的另一個選擇方案，就是尋找某個別的東西，它能夠像畏懼上帝和恐懼法律一樣，能夠有助於他們維持文明秩序。我相信，如我已經說過的那樣，如今這個東西歐洲人會在中國文明那裡找到。這個就是我說的好公民的宗教。中國的這種好公民的宗教，無需牧師和警察或軍隊就能夠使人們維持一個國家的秩序。確實，有了這一好公民的宗教，人口眾多的中國人（人口即使不比整個歐洲大陸多）在沒有牧師和警察或軍隊的情況下，在實際上保持著和平與秩序。在中國，由於在這個國家每一個人都知道，牧師和警察或軍隊，在幫助維持公共秩序上所扮演的是一個非常次要的、非常不重要的角色。在中國只有最無知的階級才需要牧師，只有最糟糕的犯罪分子階層才需要警察或軍隊使他們維持秩序。因此，我說，如果歐洲人真的想要消除宗教和軍國主義，消除使得他們陷入困境和流血衝突的牧師和軍隊，他們就要到中國來借鑑我所說的好公民的宗教。

簡言之，在這個文明受到崩潰威脅之時，我想要喚起歐

第一章　好公民的宗教

洲人和美國人注意的是，在中國這裡存在著一種無價的至今無可置疑的文明財富。這一文明財富不是這個國家的貿易、鐵路、礦藏資源、金銀鐵煤。我在這裡想說，今天這個世界的文明財富是中國人，是擁有他的好公民宗教的沒有被破壞的真正中國人。我說，真正的中國人是無價的文明財富，因為他是一個無需花費世界多少成本就能使自己保持秩序的人。我在這裡確實想要警告歐洲人和美國人不要毀壞這一無價的文明財富，不要去改變和破壞真正的中國人，就像他們現在用他們的新知識試圖所做的那樣。如果歐洲人和美國人成功地毀滅了真正的中國人，中國的人性典範；成功地把真正的中國人轉變成了歐洲人或美國人，比如，轉變成了一個需要一個牧師或軍隊來使其保持秩序的人，那麼他們肯定會增繳這個世界的宗教或者軍國主義的負擔，而後者這時已經成了文明和人性的一個危險和威脅。但是另一方面，假設能夠透過某種方式改變歐洲的或美國的人性，把歐洲人或美國人改變成為真正的中國人，那麼就不會再需要一個牧師或軍隊來使其保持秩序；想想看，這給世界解除的是什麼樣的一個負擔。

但是現在，我們先用幾句清晰的話來總結一下這次戰爭所引發的文明大問題。我認為，歐洲人首先想透過牧師的幫助來維持文明秩序。但不久就發現，牧師開銷太大而且有很多麻煩。於是歐洲人在三十年戰爭之後，驅逐了牧師而召來

警察和軍隊來維持文明秩序。但是現在他們發現,警察和軍隊的花費以及帶來的麻煩甚至比牧師還多。現在歐洲人該如何做呢?驅逐軍隊召回牧師嗎?不,我不相信歐洲人會願意召回牧師。而且,牧師現在也是無益的。那麼歐洲人到底該怎麼辦呢?我看到劍橋的羅斯‧狄金森教授在《大西洋月刊》上的一篇文章,題目為〈戰爭與出路〉,文章說:「召回民眾。」我擔心一旦召來民眾來取代牧師和軍隊,他們會比牧師和軍隊帶來更大的麻煩。牧師和軍隊在歐洲引起了戰爭,但民眾會帶來革命和無政府狀態,如此歐洲的狀況會比以前更糟。現在我給歐洲人的建議是:不要召回牧師,為了善的目的也不要召來民眾,而只要召來中國人;召來具有好公民的宗教的真正中國人,多少年來他們能夠在沒有牧師、沒有軍隊的情況下知道如何和平地生活。

　　事實上,我真的相信,歐洲人在戰後會在中國這裡找到解決文明大問題的辦法。我在這裡再次重申,無價的、至今仍無可置疑的文明財富是真正的中國人。真正的中國人是一筆文明財富,因為他擁有歐洲人在這次大戰之後需要的一種新文明的祕密,這種新文明的祕密就是我所謂的好公民的宗教。這一好公民的宗教首要原則就是相信人性本善;相信善的力量;相信美國人愛默生所說的愛和正義的法則的力量和效用。但什麼是愛的法則呢?好公民的宗教教導說,愛的法則就是愛你的父母。那麼什麼是正義的法則呢?好公民的宗

第一章　好公民的宗教

教教導說，正義的法則就是真實、守信和忠誠；每一個國家的婦女必須對她的丈夫無私地絕對忠心，每一個國家的男子必須對他的君主、國王或帝王無私地、絕對地忠誠。最後，實際上我在這裡想說的是，好公民的宗教的最高義務就是忠誠的義務，不僅是行為上忠誠，而且要在精神上忠誠，或者丁尼生表達的那樣：

敬畏國王

就像他是他們的良心

他們國王就是他們的良心

打破異教而追隨基督救世主

第二章
中國人的精神（上）

第二章　中國人的精神（上）

一篇在北京東方協會上宣讀的論文

承你們准許，首先讓我來說明今天下午我打算論述的東西。我的論文的主題叫做「中國人的精神」，這裡並不僅僅意味著只論及中國人的性格或特性。中國人的特性之前就已經有很多描述，但是我想你們會同意我的看法，這些描述或者關於中國人的特性的列舉，至今還沒有為我們給出一幅中國人的內在本質的圖畫。此外，當我們說到中國人的性格或特性時，它不可能是抽象概括的。如你們知道的那樣，中國北方人的性格非常不同於中國南方人的性格，就像德國人的性格不同於義大利人的性格一樣。

但我用中國人的精神所意味的是中國人生活所憑藉的精神，一種在心靈、性情和情緒上具有本質獨特性的東西，它使得中國人區別於所有其他人，尤其是區別於現代歐洲人和美國人。也許我透過我們論述的主題最好地表達我的意旨的是中國的人性類型，或者用更為清晰簡短的話來說，就是真正的中國人。

那麼，什麼是真正的中國人呢？我敢肯定，你們會一致同意，這是一個非常有趣的主題，現在尤其如此，當我們從今天中國發生在我們身邊的一切來看，中國的人性類型，真正的中國人，正在消失，取代其位置的，我們看到的是一種新的人性類型，進步的或現代的中國人。事實上，我建議真正的中國人、古老的中國人性類型從這個世界完全消失之

前，我們應該最後來考察他一番，看看我們是否能夠從他身上找到某種有機的、與眾不同的東西，正是它使得中國人如此地不同於所有其他人，使得中國的人性類型如此地不同於我們在今天中國看到的正在興起的新的人性類型。

我認為，現在，在古老的中國人性類型中打動你們的第一件事情是，那裡沒有任何野蠻的、殘忍的或殘暴的東西。用一個適用於動物的術語來說，我們可以說真正的中國人是馴化了的生命。以中國最底層的一個人為例，我想你們會同意我的說法，他比歐洲社會同一個階層的人少一些動物性，更少些野蠻動物的特性，即少有德國人所謂的動物野性（Rohheit）。事實上，在我看來，概括了中國人性類型給你的印象的那一個詞，用你們英語來說就是「gentle」（文雅）。我所說的文雅不是天性柔弱或者軟弱順從。「中國人的順從，」已故的麥高文博士說，「不是絕望的、閹割了的人的那種順從。」我所說的「文雅」是說沒有生硬、粗糙、粗野或者暴虐，實際上也就是沒有任何讓你震驚的東西。可以說，在真正的中國人性類型中有這樣一種氣質：從容、鎮定、歷經磨練後的成熟，如同一塊千錘百鍊的金屬。甚至，一個真正的中國人，他身體上或者道德上的缺憾，即便無法補救，也會被他身上的文雅品質所淡化。真正的中國人也許粗糙，但粗糙中沒有粗劣。真正的中國人也許醜陋，但醜陋中沒有醜惡。真正的中國人也許粗俗，但粗俗中並無好鬥和囂張。真

第二章　中國人的精神（上）

正的中國人也許愚蠢，但愚蠢中並無荒謬。真正的中國人也許狡猾，但狡猾中並無陰險。事實上我想說，即便在真正的中國人的身體、心靈和性格的毛病和缺點裡面，也不會有什麼讓你厭惡的地方。即便是在老派的、甚至最低等的真正的中國人那裡，你也很難找到一個讓你非常厭惡的中國人。

我說，中國的人性類型給你的整個印象是他的文雅，那是一種難以言表的文雅。當你分析真正的中國人身上的這種難以言表的文雅品質時，你會發現這是善解人意和通情達理兩種東西結合的產物。我曾把中國的人性類型與馴化動物作比較。那麼是什麼使得馴化動物如此不同於野生動物呢？在馴化動物的身上我們可以找到一種人類特有的東西。這種有別於動物的人類特性是什麼呢？是通情達理。馴化動物的通情達理不是思想才智。它也不是透過推理得到的理智。它也不是天生的才智，比如狐狸的聰明，狐狸的狡猾，知道去那裡可以找到小雞吃。狐狸天生的聰明是所有的野生動物都擁有的那種聰明。但馴化動物身上的這種可稱為人類才智的東西，非常不同於狐狸的狡猾或動物的聰明。馴化動物的通情達理不是來自推理，也不是天生的，而是來自同情，來自一種愛和依戀的感覺。純種的阿拉伯馬能理解它的英國主人，不是因為他學過英語語法或者它天生懂英語，而是因為它愛和依戀它的主人。這就是我所謂的人類智慧，這顯然區別於狐狸純粹的狡猾或者動物的聰明。是否擁有這種人類品質是

馴化動物和野生動物的區別。同樣，我要說，正是善解人意和通情達理，賦予中國的人性類型、真正的中國人難以言表的文雅。

我曾在某個地方讀到一位在兩個國家都住過的外國朋友的評論，這個評論說，作為外國人，在日本居住的時間越長，就越發討厭日本人；而在中國居住的時間越長，就越發喜歡中國人。我不知道對日本人的這種評價是否真實。但我認為但凡在中國生活過的人都會像我一樣贊同對中國人的評價。眾所周知，外國人在中國居住的時間越長，你可以稱之為中國味的傾向就越多。儘管他們不講究衛生與精緻，儘管他們的心靈和性格有許多缺點，中國人身上有種難以形容的東西，仍然獲得了其他任何人所無法得到外國人的喜愛。這種難以言表的東西，我稱之為文雅，它即使沒有補救，也淡化和減輕了外國人心目中的中國人的身體和道德的缺陷。如我試圖向你們表明的那樣，這種文雅就是我稱之為善解人意或真正的人類智慧的產物，這種人類智慧既不是來自推理也不是天生的，而是來自善解人意、善解人意的力量。那麼中國人善解人意的力量的祕密是什麼呢？

在這裡，我斗膽給出一個關於中國人的善解人意的力量的祕密的解答，如果你願意，也可以稱它為一個假設，以下是我的解釋。中國人之所以具有這種力量——這種善解人意的強大力量，是因為他們完全地，或者幾乎完全地過著一

第二章　中國人的精神（上）

種心靈生活。中國人的生活完全是一種感覺生活，它不是來自身體器官的感覺意義上的感覺，也不是你所認為的來自神經系統的激情意義上的感覺，而是來自我們天性最深處──心靈或者靈魂──的情感或者人類情愛意義上的感覺。事實上我想說，真正的中國人過著一種情感或者人類情愛的生活，一種靈魂生活，這樣可能讓他顯得更超脫，甚至超脫了在這個物質和靈魂構成的世界上一個人生活的必需條件。這就很好地解釋了中國人對不潔環境和缺乏精緻，諸如此類的物質上的不便的不關心了。當然這是題外話了。

我說，中國人具有善解人意的力量，是因為他們完全過著一種心靈生活、一種情感或者人類情愛的生活。這裡，讓我首先給你們舉兩個例子來解釋我所謂的過一種心靈生活的含義。我的第一個例子是這樣的。你們有人可能認識我在武昌的一個老朋友和老同事梁敦彥先生，他曾在北京做外務部長，梁先生告訴我，當他第一次接到漢口海關道臺的任命時，使他渴望和追求清朝大員的職位和頂戴花翎，讓他很樂意接受這個任命的，不是因為他在乎頂戴花翎，不是因為他會因此榮華富貴──在武昌的時候我們都很窮──而是他的提拔和晉升可以讓他廣東的老母親滿心高興。這就是我所謂的中國人過著一種心靈生活──一種情感或者人類情愛的生活的含義。

我的另外一個例子如下。我的一個在海關的蘇格蘭朋友

告訴我說，他曾有一個中國僕人，是一個道地的流氓，撒謊、壓榨、賭博，可當我的朋友在一個荒涼的渡口傷寒發作病倒時，身邊沒有外國朋友的照顧，正是這個中國僕人、糟糕的流氓照顧他，比能想到的最親近的密友和近親的照顧還要周到。事實上，我認為《聖經》裡描述一個女人的話也可以用來描述這個中國僕人，以及一般的中國人：「寬恕他們多一些，因為他們更多一些愛心。」在中國的外國人看到和了解中國人習性和性格中的缺點和瑕疵，但他的心被他們所打動，因為中國人有愛心，或者如我所言，過著一種心靈生活、一種情感和人類情愛的生活。

我想，現在我們了解了中國人善解人意──正是善解人意的力量賦予真正的中國人同情理解或真正的人類智慧，讓他具有如此難以言表的文雅的祕密的線索。讓我們來驗證這一線索或者假設。讓我們看看用中國人過著一種心靈生活這條線索是否可以解釋我上文給出的兩個例子那種事實，同時還能解釋我們在中國人的真實生活中看到的普遍特徵。

首先，讓我們來看看中國語言。由於中國人過著一種心靈生活，因此我說，中國語言也是一種心靈語言。眾所周知的一個事實，在中國的外國人中，孩子和未受教育的人學習漢語非常容易，比成人和受過教育的人要容易得多。原因是什麼？我認為，原因就是孩子和未受教育的人是用心靈語言來思考和說話，而受過教育的人，特別是受過歐洲現代知識

第二章　中國人的精神（上）

教育的人，是用頭腦或者知識的語言來思考和說話。事實上，受過教育的外國人發現學習漢語很困難，原因就是他們受教育太多，受知性的和科學的教育太多。正如對天國的描述，我們也可以用來描述中國語言：「除非你變成小孩，否則你不可能了解。」

接下來，讓我們來看看中國人生活中另外一個廣為人知的事實。眾所周知，中國人有驚人的記憶力。祕密是什麼？祕密在於：中國人是用心靈而不是用頭腦記事情。心靈有善解人意的力量，像膠水一樣，它比又硬又乾的頭腦或者知效能更好地保留事情。例如，同樣的原因，我們所有人，當我們是孩子的時候在學習中記住事情的能力要遠勝於當我們成年後記住事情的能力。像中國人一樣，作為孩子，我們是用心靈而不是用頭腦來記事情的。

再接下來，讓我們考察中國人生活中另外一個被廣泛承認的事實——他們的禮貌。人們經常評論說，中國人是特別講禮貌的人。那麼真正的禮貌的本質是什麼呢？就是考慮別人的感受。中國人有禮貌，是因為他們過著一種心靈生活，他們知道自己的感受，因而也容易考慮別人的感受。中國人的禮貌，雖然沒有日本人的禮貌那樣周全，卻讓人舒服，因為它是，正如法國人完美表達的那樣，是「心靈的禮貌」。相反，日本人的禮貌雖然周全，卻不那麼讓人舒服，我已經聽到一些外國朋友說討厭它，因為它可以說是一種排

練過的禮貌——類似於戲劇作品中盡力學習的禮貌。這與直接來自心靈的、自發的禮貌不同。事實上，日本的禮貌好像沒有芳香的花朵，而真正禮貌的中國人的禮貌有一種芳香，來自心靈的名貴油膏的香味。

最後，讓我們考察中國人的另外一個特徵——缺乏精確，約瑟·史密斯因向世人揭示了它而聞名。那麼在中國人的生活方式中缺乏精確的原因是什麼呢？我還要說，原因就是因為中國人過著一種心靈生活。心靈是精細和敏感的微妙平衡。它不像是堅硬、僵化、嚴格的儀器的頭腦或者理智。你不可能像用頭腦或者理性一樣，用心靈也作如此穩定、如此嚴格的思考。至少要做到這一點，是非常困難的。事實上，中國毛筆，這種柔軟的刷子，可以作為中國心靈的符號。它非常難於書寫和作畫，而一旦你掌握它的用法，你可以用它以一種硬鋼筆無法做到的優美和雅緻來書寫和作畫。

上面是和中國人的生活相關的一些簡單事實，任何人，即便不了解中國人，也能透過調查這些事實觀察和了解到，我認為，我所說的中國人過著一種心靈生活的假設是正確的。

正是因為中國人過著一種心靈生活，孩童的生活，因此在他們的生活方式的很多方面都非常原始。事實上，作為一個歷史如此悠久的大國，中國人的生活方式至今在很多方面還很原始，這是一個非常值得注意的事實。這個事實讓很多在中國的淺薄外國留學生認為中國文明沒有進步，中國文明

第二章　中國人的精神（上）

是停滯的。然而，應該承認，就純粹的知識生活而言，在某種程度上，中國人屬於發育不良的人。你們知道，中國人不但在自然科學，而且在純粹抽象科學比如數學、邏輯和形而上學方面也進步甚微甚至於無。事實上，歐洲語言中「科學」和「邏輯」這兩個詞，在漢語中沒有完全精確的對應詞。如同過著心靈生活的孩子，中國人對抽象科學沒有興趣，因為心靈和感受不參與這些領域。事實上，任何與心靈和感受無關的事情，比如統計報表，很多中國人都感到厭惡。但是，如果說統計報表和純粹抽象的科學讓中國人滿心厭惡，那麼歐洲正在研究的自然科學，要求你把活的動物身體切碎毀傷來驗證科學理論，則讓中國人產生排斥和恐懼。

　　我要說，就純粹的智識生活而言，中國人在某種程度上是發育不良的。至今，中國人還過著孩童的生活，一種心靈生活。在這方面，中國人作為一個民族雖然古老，但直到今天還是孩童似的民族。但重要的是，你應該記住這個過著一種心靈生活、孩童似的民族，雖然在他們的生活方式的很多方面非常原始，但卻有原始人那裡找不到的心靈和理性的力量，這種心靈和理性的力量使他們能成功地處理複雜困難的社會生活、政府和文明的問題，這裡我斗膽說，古代和現代的歐洲國家沒能如此顯然地達到這樣一種成功——這種成功在是如此突出，以至在實踐上和現實中使亞洲大陸的絕大部分人口在一個龐大的帝國中維持了和平與秩序。

事實上，我這裡想說的是，中國人的非凡特性不是他們過著一種心靈生活，所有的原始人都是過著心靈生活。就我們所知，中世紀的基督教徒也過著心靈的生活。馬修‧阿諾德說：「中世紀基督教詩人靠心靈和想像生活。」而我在這裡想要說，中國人的非凡特性，雖然是過著心靈生活、孩童似的生活，但同時還具有心靈和理性的力量，這是在中世紀歐洲的基督教徒或者別的原始人身上找不到的。換句話說，中國人的非凡特性，就作為一個成熟的民族、作為一個擁有成人理性而生活了如此久的民族而言，在於他們依然過著一種孩童似的生活、一種心靈生活。

因此，與其說中國人發育不良，還不如說中國人永不衰老。簡言之，中國人作為一個種族的非凡特性，在於他們擁有永遠年輕的祕密。

現在，我們可以回答開始問的那個問題：什麼是真正的中國人？現在我們看到，真正的中國人是這樣一個人，他過著具有成年人的理性卻具有孩童的心靈這樣一種生活。簡言之，真正的中國人具有成人的頭腦和孩子的心靈。因此，中國精神是永保青春的精神，是民族不朽的精神。那麼中國人民族不朽的祕密是什麼？你應該記得在論述開始時，我說過是我稱之為善解人意或真正的人類智慧賦予中國的人性類型──真正的中國人──難以言表的文雅。我說，這種真正的人類智慧是兩種東西──善解人意和通情達理──結

第二章　中國人的精神（上）

合的產物。這是心靈和頭腦的和諧工作。簡言之，就是靈魂和理智的絕妙組合。如果說中國人的精神是一種永保青春、民族不朽的精神，那麼不朽的祕密就是這種靈魂和理智的絕妙組合。

現在，你們會問我，中國人從哪裡以及如何獲得這種民族不朽的祕密 —— 靈魂和心智的絕妙組合，正是它讓中國人作為一個民族和種族過著一種永保青春的生活。答案當然是來自他們的文明。不過，你們不能指望我在這安排的時間裡為你們就中國文明作一個演講。但我想告訴你們一些和我們論述的主題有關的中國文明的事情。

首先，我要告訴你們的是，在我看來，中國文明和現代歐洲文明有一個根本的不同。這裡請讓我引用著名藝術批評家伯納德・貝倫森先生的一個絕妙的說法：「我們歐洲的藝術有一種成為科學的致命傾向，我們很少有名著是在沒有利益分割的戰場留下的痕跡。」現在，我要說的是，歐洲文明，正如貝倫森先生所言的歐洲藝術，是利益分割的戰場；一方面是科學和藝術的分割利益的不息戰爭，另一方面是信仰和哲學的戰爭；事實上這是頭腦和心靈、靈魂和心智不斷衝突的戰場。在中國文明中，至少在最近的 2,500 年，沒有過這種衝突。我說，這就是中國文明和歐洲文明的一個非常根本不同的地方。

換句話說，我想說的是，在現代歐洲，人們有一種滿足

他們心靈而不是頭腦的宗教，有一種滿足他們頭腦而不是心靈的哲學。現在讓我們看看中國。有人說中國沒有宗教。確實，在中國即使一般民眾也沒有認真地看待宗教。我這裡指的是歐洲意義上的宗教。中國道教和佛教的廟宇，典禮和儀式與其說是教化不如說是娛樂；可以說，他們觸動的是中國人的美感而不是他們的道德和宗教感；事實上他們更多的是訴諸想像力而不是他們的心靈或靈魂。但是，與其說中國人沒有宗教，也許更為正確地應該說中國人不需要宗教——沒有感到需要宗教。

那麼，中國人、甚至中國的一般民眾沒有感到需要宗教，這個特殊事實如何解釋呢？於是有一個英國人這樣解釋。他是羅伯特·K·道格拉斯先生，倫敦大學的漢語教授，在他的儒教研究中說：「四十多代中國人都絕對地服從一個人的權威。作為中國人中的一員，孔子的教義與他的門徒的天性很契合。蒙古人種的心靈非常平和感性，本能地反對某種研究他們經驗以外的事物的觀念。正如孔子所闡述的，一種未來不可知的觀念、樸素的講求事實的道德體系，就已經足以滿足中國人的所有需要。」

當這位博學的英國教授說中國人沒有感到需要宗教，因為他們有孔子的教導時，他是正確的，但當他斷言中國人不需要宗教是因為蒙古人種的心靈非常平和感性時，他則完全錯了。首先，宗教與沉思無關。宗教是感覺和感情的事情，

第二章　中國人的精神（上）

它是與人類靈魂有關的事情。即便是野蠻原始的非洲人，當他從純粹的動物生活中脫離出來後，他的靈魂——宗教需要的感覺——就甦醒了。因此雖然蒙古人種的心靈平和感性，但是蒙古人種的中國人，應該承認比非洲的野人要高等，也有靈魂，既然有靈魂，就有宗教需要感，除非他別的能代替宗教的東西。

事實上，中國人沒有宗教需要感的原因是他們在儒教中有一個哲學和道德體系，一個可以替代宗教的人類社會和文明的綜合。人們說儒教不是一種信仰。確實，在這個詞的一般的歐洲意義上，儒教當然不是一種宗教。但我要說儒教的偉大就在於它不是宗教。事實上，它雖然不是宗教，但是它能代替宗教；它能夠使人不需要宗教，這就是儒教的偉大之處。

現在，為了理解儒教如何能夠取代宗教，我們必須嘗試找到為什麼人類有宗教需要感。在我看來，人類需要宗教的感覺和需要科學、藝術以及哲學的感覺一樣。原因是人類是有靈魂的存在。現在讓我們以科學為例，我是說自然科學。讓人們從事科學研究的原因是什麼？現在很多人認為人們之所以這樣做，是因為他們想要鐵路和飛機。但激勵真正的科學人去從事科學研究的動機不是因為他們想要鐵路和飛機。那一類當前持進步論的中國人，他們從事科學是因為他們想要鐵路和飛機，永遠得不到科學。過去歐洲真正的科學人，

為了科學的進步而工作,把修建鐵路和飛機的可能性變為現實,他們根本沒有考慮鐵路和飛機。推動那些歐洲的真正科學人,讓他們為了科學進步而做的工作獲得成功的,是因為他們從靈魂上有了解我們生活的這個奇妙宇宙的無窮奧祕的需要。因此我說,人類有宗教需要的感覺和有科學、藝術以及哲學需要的感覺是出自同樣的原因;這個原因就是,人是有靈魂的存在,因為他有靈魂,他才不僅探索現在而且探索過去、未來——不像動物那樣只是生活在現在——有理解他們生活於其中的宇宙的奧祕的需要感。除非人類理解自然的某些規律,從宇宙中看到的事物的意圖和目的,否則他們就像黑屋子裡的孩子,只感到一切都是危險的、不安全和不確定的。事實上,正如一個英國詩人所說,神祕宇宙是人們身上的重擔。因此人類需要科學、藝術和哲學,出於同樣的原因也需要宗教,為了減輕他們「神祕的負擔,整個難以了解的世界加給的沉重的、惱人的重負。」

　　藝術和詩歌讓藝術家和詩人看到宇宙的美和秩序,這樣就減輕了這一神祕加給他們的負擔。因此詩人,比如歌德說:「誰擁有藝術,誰就擁有宗教」,就沒有宗教需要感。哲學同樣讓哲學家看到宇宙的條理和秩序,如此同樣減輕了神祕加給他們的負擔。因此哲學家,比如史賓諾沙,他說過,「對他們而言,智識生活的圓滿就是解脫,對於聖人而言,宗教生活的圓滿才是解脫」,因而沒有宗教需要感。最後,

第二章　中國人的精神（上）

科學也讓科學家看到宇宙的規律和秩序，這樣就減輕了神祕加給他們的負擔。因此，像達爾文和海克爾教授這樣的科學家就沒有宗教需要感。

可對於不是詩人、藝術家、哲學家或者科學家的人類大眾來說；對於生活艱辛、無時無刻不暴露在自然的威脅力量和他們的同類的殘酷無情的狂熱的意外之下的人類大眾，能減輕他們「整個難以了解的世界給予的神祕負擔」是什麼？是宗教。但是，信仰是如何減輕這一神祕給予人類大眾的負擔呢？我要說，信仰是透過給人類大眾安全感和永恆感而減輕這種負擔。面對自然的威脅力量和同類的殘酷無情的狂熱以及由此產生的神祕和恐怖，宗教給了人類大眾一個庇護——在它的庇護下他們能夠找到一種安全感；這種庇護是對某些超自然存在信念，或者是有絕對力量並能控制威脅人類的力量存在的信念。而且，面對他們自己生活的事物的不斷改變、興衰和變遷——出生、孩童期、青春期、年老和死亡以及由此產生的神祕和不確定時，宗教也給了人類大眾一個庇護——在它的庇護下他們能夠找到一種永恆感；這個庇護是對未來生活的信念。因此，我要說，信仰透過在他們的生活中給他們一種安全感和一種永恆感，以這樣一種方式減輕了不是詩人、藝術家、哲學家或科學人的人類大眾整個難以了解的世界給予的神祕負擔。基督救世主說：「我給你們和平，這和平是世界不能給予的，也是世界不能奪取

的。」這就是我所謂的信仰給了人類大眾安全感和永恆感的含義。因此，除非你找到一種東西可以給人類以和平感，一種宗教能夠給予他們的那樣一種和平感，那麼人類將永遠有宗教需要感。

但我要說儒教，它雖然不是信仰卻能替代信仰。因此，在儒教裡一定有一種東西能給予人類大眾一種宗教所能給予的同樣的安全感和永恆感。現在讓我們來找出儒教裡能給予宗教所能給予的同樣的安全感和永恆感的東西。

我經常被問及孔子為中華民族做了什麼。現在我可以告訴你們，我認為孔子為中國人做了許多事情。但是今天我沒有時間，我這裡只打算告訴你們孔子為中華民族做的一個主要的和非常重要的事情——他生前唯一做過的事情，孔子自己說，後世的人透過它能夠理解他，理解他為他們做的事情。當我為你們解釋清了這個主要的事情，你就會理解是儒教裡的什麼東西給了人類大眾宗教所能給予的一樣的安全感和永恆感。為了解釋這一點，我請求你們讓我稍微詳細地介紹一下孔子其人其事。

你們有人可能知道，孔子生活在中國歷史上所謂的擴張時期——當時的封建時代已經走到盡頭；那時，封建的、半家族的社會秩序和政體方式需要擴展和重構。這個重大變化必然不僅帶來了世事的混亂，而且也帶來了人們心靈的混亂。我曾說過在最近的 2,500 年中，中國文明沒有心靈和頭

第二章　中國人的精神（上）

腦的衝突。但我必須告訴你們在孔子生活的擴張時期，中國如同當今的歐洲一樣，心靈和頭腦之間產生了可怕的衝突。孔子時代的中國人發現自己身處於系統龐大的制度、成規、教條、習俗和法律。事實上，是從他們尊敬的祖先繼承來的龐大的社會和文明系統。在這個系統中他們的生活還要繼續；但他們開始感到，這個系統不是他們創造，所以決不會符合他們實際生活的需要；也就是說，這些對他們來說是習俗，而不是理性。兩千年前中國人這種理性的覺醒就是今日歐洲所謂的現代精神的覺醒——自由主義精神、探索精神、尋找事物的原因和理由的精神。中國的這種現代精神，它看到了社會和文明的舊秩序的需要與他們實際生活的需要的一致性，不但重建一種新的社會和文明秩序，而且去尋找社會和文明新秩序的基礎。可是，在當時的中國，所有尋找社會和文明新基礎的嘗試都失敗了。有一些儘管他們滿足了頭腦——中國人的理性，卻沒有滿足他們的心靈；另外一些，雖然滿足了他們的心靈，卻沒有滿足他們的頭腦。如我說過的那樣，由此在 2,500 年前的中國引起了頭腦和心靈的衝突，正如在今日歐洲你們看到的那樣。人們嘗試重建的社會和文明新秩序中的心靈和頭腦的衝突，使得中國人對所有的文明失望，在這種失望中產生了苦惱和絕望，以致中國人想摧毀和毀滅所有的文明。有的人，比如老子，一個類似今日歐洲托爾斯泰之類的中國人，從心靈和頭腦的衝突導致的

苦難和不幸結果中認為，他們看到了社會和文明的真正本性和構造上的某些根本性錯誤。老子和他最有才氣的門徒莊子，他們勸中國人拋棄所有的文明。老子對中國人說：「放下一切跟我走；跟我到群山中，到群山中隱者的小屋，過真正的生活──一種心靈生活、一種不朽的生活。」

　　孔子，雖然也看到當時社會和文明的狀態所造成的不幸和苦難，但認為他認識到的罪惡不在於社會和文明的天性和構造，而在於社會和文明所採用的錯誤途徑，在於人們為社會和文明建立的錯誤基礎。孔子對中國人說不要拋棄文明──在一個真正的社會和真正的文明裡，在具有真正基礎的社會和文明中，人也可以過真正的生活、一種心靈的生活。事實上，孔子終生努力嘗試把社會和文明引入正途，給它一個真正的基礎，以此防止文明的毀滅。在他生命的最後歲月，當孔子看到他不能阻止中國文明的毀滅──他做了什麼呢？你看，好像一個看到自己房屋著火、燃燒著要掉在頭頂上的建築師，確信他不可能挽救房屋，知道他所能做的事情是挽救這建築的圖紙和設計，這樣以後就可以有機會重建；於是孔子，當看到中國文明的建築不可避免的毀滅而自己卻不能阻止，認為他應該挽救圖紙和設計，由此他挽救了中國文明的圖紙和設計，保存在中國聖經的舊約裡面──五本聖經即五經，五本正典。這就是我說的孔子為中華民族所做的偉大功績──他為他們挽救了文明的圖紙和設計。

第二章　中國人的精神（上）

我要說，孔子，當他為中國文明挽救了圖紙和設計時，為中華民族做了偉大的工作。但這並不是孔子為中華民族所做的主要的和最偉大的工作。他所做的最偉大的工作是，透過挽救他們文明的圖紙和設計，他對文明的設計做了一個新的綜合、一個新的解釋，在這個新的綜合裡，他給了中國人真正的國家觀念——國家的一個真正的、理性的、永恆的、絕對基礎。

不過，古代的柏拉圖和亞里斯多德，現代的盧梭和赫伯特‧史賓賽也給出了文明的綜合，並試圖提出真正的國家觀念。那麼我提到的歐洲偉人們所做出的哲學這種文明的綜合，與作為儒教的哲學和道德體系文明的綜合有什麼不同？在我看來，有如下不同。柏拉圖和亞里斯多德以及赫伯特‧史賓賽的哲學沒有成為宗教或者宗教的等價物，沒有成為一個民族或國家大眾可接受的信仰，而儒教則成為中國如此眾多的大眾的一種宗教或者宗教的等價物。我這裡提到的宗教，我所謂的宗教，不是在這個詞的歐洲狹窄意義上使用的，而是在更為廣泛的普遍意義上使用的。歌德說：「唯有民眾懂得什麼是真正的生活；唯有民眾過著真正的人的生活。」現在，當我們在宗教這個詞的廣泛的普遍意義上使用它時，我們意指的是一種有行為規範的教導體系，正如歌德所說，是被人類大眾或者最少被一個民族或國家的民眾，作為真理和約束接受的東西。在這個詞的廣泛的和普遍

的意義上來講，基督教和佛教都是宗教。在這種廣泛和普遍的意義上，如你們所知，儒教成了一種宗教，因為它的教導被認為是真理，他的行為規範已經被整個中國種族和民族當作約束，而柏拉圖、亞里斯多德和赫伯特・史賓賽的哲學即便在這種廣泛和普遍的意義上也沒有成為宗教。我說，這就是儒教與柏拉圖、亞里斯多德和赫伯特・史賓賽的哲學的不同——一種依然是學者的哲學，另外一種卻成了整個中華民族的大眾、包括中國學者的宗教或者宗教的等價物。

在這個詞的廣泛和普遍的意義上，我說儒教和基督教或者佛教一樣都是宗教。你們應該記得我說過儒教不是歐洲意義上的宗教。那麼，儒教與這個詞的歐洲意義上的宗教的區別是什麼呢？區別當然是一個裡面有一種超自然的起源和因素，而另外一個則沒有。但除了這個超自然和非超自然的區別之外，儒教與這個詞的歐洲意義上的宗教，比如基督教和佛教，還有另外一個區別，這個區別就是：歐洲詞義上的宗教教導人成為一個好人。而儒教做得更多；儒教教導一個人成為一個好公民。對一個人，不是單獨的人，而是處在他和同胞以及國家的關係裡的人，基督徒的問答集問：「人的主要目標是什麼？」而孔子的問答集問：「公民的主要目標是什麼？」。基督徒在問答集裡回答說：「人的主要目標是讚美上帝。」孔子在他的問答集裡回答說：「人的主要目標是做孝子和好公民。」子游，孔子的一個門徒，孔子言論和話語

049

第二章　中國人的精神（上）

中引用過他，他曾說：「明智的人集中於生活的基礎——人的主要目標。基礎打好了，就有了智慧、宗教。在生活中作孝子和好公民，不正是這基礎——作為道德生命的人的主要目標麼？」簡言之，歐洲意義上的宗教的目標是讓人自己成為一個完美的理想的人，成為一個聖徒、一個佛、一個天使，而儒教限於讓人成為一個好公民——像孝子和好公民那樣生活。換句話說，歐洲詞義上的宗教說：「如果你想要擁有信仰，你就必須是一個聖徒、一個佛、一個天使。」而儒教說：「如果你是一個孝子和好公民，你就有信仰。」

　　事實上，儒教和歐洲意義上的宗教，比如基督教或者佛教，它們的真正區別在於一個是個人的信仰，或者可稱為教會信仰，而另一個是社會信仰，或者可稱為國家信仰。我說，孔子為中華民族所做的最偉大的工作，是他給了他們一個真正的國家觀念。透過給出真正的國家觀念，孔子使得這個觀念成了一個宗教。在歐洲，政治是一門科學，但在中國，從孔子時代開始，政治就是一種宗教。簡言之，我說，孔子為中華民族所做的最偉大的工作，是他給了他們一個社會或者國家信仰。孔子在一本他生命快要結束時寫的書裡，講述了這種國家信仰，這本書他命名為《春秋》。孔子把這本書命名為《春秋》，是因為書的目標是給出支配興衰——國家的春天和秋天——的真正的道德原因。這本書也可以稱為近代編年史，類似於卡萊爾的近代小冊子。在這本書裡

孔子給出了社會和文明的錯亂頹敗狀態的歷史概要，回溯了整個社會和文明的錯亂頹敗狀態下的困苦和不幸，指出其真正原因在於事實上人們沒有真正的國家觀念；沒有他們對國家、對國家元首、對他們的統治者和君主的責任的真正性質的正確觀念。在某種程度上，孔子在這本書裡講授了君權神授。現在我知道你們大家，或者至少你們大多數，如今不會相信君權神授。這裡我不想和你們爭論。我只請求你們不要立即下判斷，先聽我往下說。同時請允許我在這裡引用卡萊爾的一句話。卡萊爾說：「國王統治我們的權力要麼是君權神授，要麼是魔鬼似的錯誤。」現在我請求你們，在君權神授這個主題上，回憶和思考一下卡萊爾說的這句話。

　　在這本書裡，孔子教導說，如同在人類社會中人的所有普通關係和行為，除了利益和恐懼的基礎動機之外，還有一種影響他們行為的更高尚、更高貴的動機，一種高於所有利益和恐懼顧慮的更高尚、更高貴的動機，這種動機就是責任；因此在所有人類社會的這一重要關係中，在一個國家或民族的人民與國家或民族的首領之間的關係中，也有責任這種更高尚、更高貴的動機來影響和鼓舞他們的行為。那麼一個國家或者民族的人民忠於國家或者民族的首領，這一責任的理性基礎是什麼呢？在孔子時代之前的封建時代，由於半家族的社會秩序和政府形式，國家或多或少是一個家庭，人們並不特別感到他們對於國家首領的責任需要一個非

第二章　中國人的精神（上）

常清楚和堅實的基礎，因為他們都是一個宗族或者家庭的成員，血緣紐帶或者天生感情已經透過某種方式把他們和國家首領，也是他們宗族或家庭的高級成員，綁在一起。如我說過的那樣，但在孔子時代，封建時代已經走到盡頭；那時國家已經遠非家庭可以比擬，那時國家的公民不再是組成一個宗族或家庭的成員。因此，這就需要為國家或者民族的人民忠於國家元首——他們的統治者或君主——的責任找一個新的、清楚的、理性的、堅實的基礎。孔子為這個責任找到的新基礎是什麼呢？孔子在榮譽這個詞裡為這個責任找到了新基礎。

去年我在日本的時候，教育外相菊池男爵問我，我提到過的孔子講述他的國家信仰的這本書裡的四個中國字怎麼翻譯。這四個字是「名分大義」。我把他們翻譯為榮譽和責任的重大原則。正是因為這個原因，中國人把儒教和別的所有宗教作了一個特別的區分，他們沒有把孔子教導的這個體系稱為教——漢語裡命名別的宗教，比如佛教、伊斯蘭教和基督教的通用術語——而是把這種榮譽的信仰稱為名教。在孔子的教導中，君子之道這個術語，理雅各博士翻譯為「高人之道」，在歐洲語言裡最接近的等價詞是道德律法——字面上來看，道的含義是君子的律法。事實上，孔子教導的哲學和道德的整個體系可以用一個詞總結：君子的律法。孔子把君子的律法寫作成文並發展成為宗教——國家宗教。這種國家宗教的信仰第一條款就是名分大義——

榮譽和責任的原則——它也可以稱為：榮譽的法典。

在這一國家信仰裡，孔子教導說，不但國家，而且所有社會和文明的唯一真正的、理性的、永恆的、絕對的基礎是這一君子的律法、人的榮譽感。現在你們，你們大家，即便相信政治裡沒有道德的那些人——我認為，你們大家都知道並且承認人類社會裡這種人的榮譽感的重要性。但我不十分肯定你們所有人都意識到人的這種榮譽感對維持任何一種人類社會的絕對必要性；事實上，正如諺語「盜亦有道」所表明的那樣。沒有人的榮譽感，所有社會和文明會立即崩潰而無法存在。請允許我來為你們解釋為何如此？讓我們以社會中的賭博這種瑣事為例。除非人們坐下來賭博的時候都承認並感到自己受制於榮譽感，當某種顏色的紙牌或者色子出現就付錢，否則賭博就不可能進行。商人——除非商人承認並感到受制於榮譽感去履行契約，所有的交易就都不可能進行。可你們會說違背契約的商人會被送到法庭。沒錯，可是如果沒有法庭，會怎樣？另外，法庭——法庭怎樣才能讓食言的商人履行契約？透過暴力。事實上，沒有人們的榮譽感，社會只能透過暴力暫時結合在一起。但我認為我能向你揭示，單獨暴力不能把社會永遠結合在一起。強迫商人去履行契約的警察，使用暴力。可律師、地方官或者共和國總統——他怎樣讓警察履行職責？你知道他不能用暴力做這件事；那麼用什麼呢？要麼用警察的榮譽感，要麼用欺騙。

第二章　中國人的精神（上）

第二章
中國人的精神（中）

第二章　中國人的精神（中）

現時代，如今全世界——很遺憾地說也包括中國——律師、政客、地方官和共和國總統都是透過欺騙讓警察履行責任。現代的律師、政客、地方官和共和國總統告訴警察他必須履行責任，因為這樣對社會有利、對他的國家有利；而對社會有好利意味著，他這個警察能夠按時領到薪水，沒有這個薪水他和他的家庭就會餓死。我說，律師、政客或者共和國總統告訴警察這些時使用了欺騙。我說它是欺騙，因為對國家有利，對警察意味著每週 15 先令，這僅僅讓他和他的家庭免於飢餓，對律師、政客、地方官和共和國總統卻意味著每年 1 到 2 萬鎊，好房子、電燈、汽車和所有舒適奢侈的東西，這需要成千上萬的人們的血汗辛勞來供養。我說它是欺騙，因為如果沒有認識到榮譽感——這種榮譽感讓賭徒把他口袋裡最後一個便士拿出來給贏了他的人，沒有這種榮譽感，所有導致社會上貧富不均的財富的轉移和占有，如同賭桌上金錢的轉移，就都沒有任何正當性和約束力。因此，律師、政客、地方官或者共和國總統，雖然他們談論社會利益和國家利益，其實靠的是警察對榮譽的無意識，這不但讓他盡職，而且讓他尊重財產權，滿足於一週 15 先令的薪水，而律師、政客和共和國總統卻有每年兩萬鎊的收入。因此，我說這是欺騙，因為他們要求警察有榮譽感；而他們，現代社會的律師、政客、地方官和共和國總統，相信並且公然地按照政治中沒有道德、沒有榮譽感的原則言說和行動。

你們會記得，我說過，卡萊爾說——國王統治我們的權利要麼是君權神授要麼是魔鬼似的錯誤。現代律師、政客、地方官和共和國總統的這種欺騙就是卡萊爾所說的魔鬼似的錯誤。就是這種欺騙，現代社會公務人員的滑頭教義，自己按照在政治上沒有道德、沒有榮譽感的原則言說和行動，卻裝模作樣地談論社會利益和國家利益；正是這種滑頭教義，如同卡萊爾所說，導致了今日社會文明所看到的「普遍的苦難、反抗、狂亂、激進主義起義的狂熱、復辟專制統治的冷酷、大眾的獸性墮落、個人的過度愚昧」。簡言之，正是這種欺騙和暴力的組合，滑頭教義和軍國主義，律師和警察，導致了現代社會的無政府主義者和無政府主義，暴力和欺騙的組合強姦了人們的道德感，導致了瘋狂，這種瘋狂使得無政府主義者用炸彈和炸藥來反抗律師、政客、地方官和共和國總統。

事實上，一個社會，如果人民沒有的榮譽感，在政治上沒有道德，我說它是不能結合在一起的，或者至少不能持久。因為在這樣一個社會裡的警察，依靠他們律師、政客、地方官和共和國總統才能實現欺騙，會陷入兩難的悖論。他被告知他必須為了社會利益履行自己的職責。可他，這個可憐的警察，也是社會的一部分——對他而言，自己和自己的家庭，最少也是社會最重要的部分。如果有別的謀生手段而不是當警察，比如當一個反警察分子，他能夠得到

第二章　中國人的精神（中）

更多報酬來改善他自己和他的家庭的條件，同時也意味著社會利益。那樣的話警察遲早會得出結論，由於政治中沒有榮譽感這麼一回事情，如果能得到更好的報酬，那樣也意味著社會利益，他沒有理由不去做一個革命者或者無政府主義者——這樣社會就到了末日。孟子說：「孔子寫完《春秋》。」在書中他講述了他的國家信仰並揭示了他那個時代的社會，那時的社會，正如今日世界，公務人員沒有榮譽感，政治上沒有道德感，它注定到了末日；當孔子寫這本書的時候，「亂臣賊子懼」。

言歸正傳，我要說，沒有榮譽感的社會無法維持、不能持久。因為，我們已經看到，即使人類社會裡賭博和交易這等瑣碎或者無足輕重的事情涉及到的人際關係裡面，承認榮譽感也是如此重要和必需，那麼在建立了家庭和國家這些最本質的制度的人類社會的人際關係中，它將是多麼的至關重要。如你們知道的那樣，歷史上所有國家的公民社會的興起通常都是始於婚姻制度。歐洲的教會宗教讓婚姻成為一種聖禮，也就是說，某種神聖的不可違背的東西。歐洲婚姻聖禮的約束力來自教堂，其威信來自上帝。但這只是一個表面的、形式的，或者說法律的約束力。婚姻的神聖不可侵犯的真實的、內在的、真正約束力——正如我們在沒有教會宗教的國家所見到的那樣，是榮譽感，是男人和女人的君子律法。孔子說：「君子之道，造端乎夫婦。」換言之，在所有

公民社會的國家的中都承認的榮譽感——君子律法，是婚姻制度的基礎。這種婚姻制度建立了家庭。

我說過，孔子教導的國家信仰是一個榮譽法典，我告訴過你們孔子是由君子律法引出這個法典。但是現在，我必須告訴你們，在孔子時代很久以前，中國就已經存在著不明確的、不成文的君子律法的法典。孔子時代以前中國這種不明確的、不成文的君子律法的法典就是所謂的《禮》——禮儀、禮節的律法。孔子時代之前不久的歷史上，中國出現了一個偉大的政治家——著名的中國法律制定者，一般稱為周公（西元前1135年）——他最先確定、整理、制定了君子律法的成文法典，即中國的《禮》——禮儀、禮節的律法。周公創造的中國的這部最早的成文紳士法典，就是《周禮》——周公之禮。周公之禮可以看作是前孔子時代中國的宗教，或者正如基督教之前的猶太民族的摩西律法一樣，也可以稱為中國人民的舊約信仰。正是這舊約信仰——所謂第一個成文的君子律法的法典，也叫做周公之禮——第一次給了中國婚姻的聖禮和神聖不可侵犯的約束力。因此，直到今天中國人還把婚姻聖禮稱為周公之禮——周公的禮法。透過婚姻聖禮制度，前孔子時代或者中國的舊約信仰時代建立了家庭。它曾經保證了所有中國家庭的穩定性和永續性。在中國，周公的禮法作為前孔子的或者舊約的信仰，可以稱為一種家庭信仰，以此區分後來孔子教導的國家信仰。

第二章　中國人的精神（中）

　　現在，孔子在他教導的國家信仰裡，可以說相對與他之前時代的家庭信仰而言給出了一個新約。換句話說，孔子在他教導的國家信仰裡給了君子律法一個新的、更廣泛的、更有包容力的應用；如果說家庭信仰，他的時代之前的中國舊約信仰制定了婚姻聖禮，那麼孔子，透過在他教導的國家信仰裡給出君子律法的新的、更廣泛的、更有包容力的應用，制定了新的聖禮。孔子制定的新聖禮，不再稱為禮──禮法，他叫它名分大義，我已經翻譯成榮譽和責任的重大原則或者榮譽法典。孔子透過制定名分大義或者榮譽法典來替代以前的家庭信仰，給了中國人一個國家信仰。

　　孔子，如今在他的國家信仰裡教導說，正如他之前時代的家庭信仰即舊約所訂，家庭裡的妻子和丈夫受婚姻聖禮，所謂周公之禮、即周公禮法的約束──以維持他們的婚姻契約不被侵犯並且絕對遵守它，因此，在他教導的國家信仰的新約下，每個國家的人民和君主，中國人民和他們的皇帝，要遵守名分大義──國家信仰建立的榮譽和責任的重大原則或者榮譽法典──這個新聖禮保證效忠他們之間的這個契約，把它看作神聖不可侵犯，並需要絕對遵守的東西。簡言之，這個新聖禮，孔子制定的名分大義或者榮譽法典，是效忠契約的聖禮，正如舊約周公之禮，孔子時代之前制定的周公禮法，是婚姻的聖禮一樣。透過這種方法，如我說過，孔子給了君子律法一個新的、更廣泛的、更有包容力

的應用，給所謂的他之前時代的家庭信仰一個新約，並把使之成為國家信仰。

換句話說，正如孔子前的時代中國的家庭信仰把婚姻契約變成聖禮，孔子的國家信仰把效忠契約變成聖禮。正如家庭信仰建立的婚姻聖禮讓妻子有絕對忠實於她的丈夫的義務，那麼名分大義，中國孔子教導的國家信仰建立的榮譽法典，這種效忠契約的聖禮，使中國人有絕對忠實於他的皇帝的義務。這樣在中國，孔子教導的國家信仰裡的這種效忠契約的聖禮可以被稱為忠誠的聖禮或者忠誠的信仰。你們記得我說過，孔子在某種程度上講述了君權神授。但與其說孔子教導了君權神授，不如說孔子教導了忠誠的神聖職責。孔子在中國教導的對皇帝的神聖或者絕對的效忠責任產生的約束力，不像歐洲的君權神授理論那樣其約束力是來自超自然存在也即上帝或者別的神祕的哲學，而是來自君子律法──人的榮譽感，所有國家讓妻子效忠於她的丈夫的榮譽感。事實上，孔子教導的中國人民對皇帝的忠實的絕對責任，它的約束力來自類似商人守信履行合約、賭徒遵守規則償還賭債同樣樸素的榮譽感。

正如我說家庭信仰是中國的舊約宗教，是所有國家的教堂信仰，它透過制定婚姻的聖禮和神聖不可侵犯建立了家庭，那麼我稱孔子教導的中國的國家信仰，透過制定效忠契約的新聖禮，建立了國家。如果你認為世界上第一個制定聖

061

第二章　中國人的精神（中）

禮和建立婚姻的神聖不可侵犯的人為人類和文明產生做了非常巨大的工作，我認為，那麼你就會理解孔子透過制定新聖禮和建立忠誠契約的神聖不可侵犯所做的巨大工作。婚姻聖禮的制定保證了家庭的穩定和持久，如果沒有它人類就會滅絕。忠誠契約的聖禮的制定保證了國家的穩定和持久，沒有它人類社會和文明就會毀滅，人會返回野蠻或者動物狀態。因此我跟你們說孔子為中國人做的最偉大的事情是他給了他們真正的國家觀念——一個國家真正的、理性的、永恆的絕對基礎，而且透過給他們這個觀念，他使其成為一種信仰——國家信仰。

孔子在一本書裡講述了這種國家信仰，我告訴過你們，這是他在生命快要結束的時候寫的一本書，他把它命名為《春秋》。在這本書裡孔子首先制定了忠誠契約的新聖禮，叫做名分大義，或者榮譽的法典。這個聖禮因此通常被稱為春秋名分大義，或者簡單說——春秋大義，也就是，春秋年鑑的榮譽和責任的重大原則，或者簡單說，春秋年鑑的重大原則或法典。孔子在這本書裡教導的忠誠的神聖責任是中華民族的大憲章。它包括了神聖契約，神聖的社會和約，透過它孔子給予所有中國人和民族完全效忠皇帝的義務，這個契約或者聖禮，這個榮譽法典，在中國是國家和政府，也是中國文明的唯一真正的憲法。孔子在這本書裡說後人會明白他——明白他為世界做了什麼。

我談了這麼多來說明我想說明的這個問題，恐怕已經讓你們厭倦了。現在總算可以回到開始留下的問題。你們記得我說過為什麼人類大眾通常有宗教需要感──我說的是歐洲意義上的宗教──是因為宗教給了他們一個庇護，這個庇護，透過信仰強大的叫做上帝的存在，給了他們生存的永恆感。而我說過孔子教導的哲學和道德體系，也就是儒教，能替代宗教，可以讓人，甚至所有人類大眾不需要宗教。因此，我說過，在儒教裡面一定有某種東西能給人，給人類大眾宗教能給予的同樣的安全感和永恆感。現在，我想我們已經找到這個東西。這種東西就是孔子留給中華民族的國家信仰裡對皇帝效忠的神聖責任。

你們會理解，中華帝國每一個男人、女人和孩子的這種絕對效忠皇帝的神聖責任，在中國民眾的心靈裡，給了皇帝一個絕對的、至高的、超越的、全能的權力；對皇帝權力的絕對的、至高的、超越的、全能的信任，給了中國人民，中國的民眾，類似別的國家裡對上帝、對宗教的信仰所能給予人類大眾同樣的安全感。對皇帝權力的絕對的、至高的、超越的、全能的信仰也保證了中國人民心靈中國家的絕對穩定和持久。國家的這種絕對持久保證了社會的無限延續和持久，社會這種無限延續和持久最終在中國人民的心靈中保證了種族的不朽。因此，正是對種族不朽的信念，來自忠誠的神聖責任產生的皇帝萬能權力的信念，給了中國人，中國的

第二章　中國人的精神（中）

廣大民眾，正如別的國家裡宗教給人類大眾所能給予的來生的永恆感。

而且，正如孔子教導的忠誠的絕對神聖責任保證了國家的種族不朽一樣，儒教裡祖先崇拜儀式保證了家庭的種族不朽。事實上，中國的祖先崇拜儀式與其說建立在來生的信念上，不如說建立在種族不朽的信念上。中國人，當他死了以後，讓他感到安慰的不是他相信會有來生，而是相信他的孩子、孫子、曾孫、所有他的親人，都會記得他、想起他、愛他，直到永遠，透過這種方式，在他的想像裡，死對中國人來說，就像一個漫長的旅行，就算沒有希望，至少也有再次相會的極大「可能」。這樣，透過祖先崇拜儀式，以及忠誠的神聖責任，正如別的國家的宗教對來生的信念所給予人類大眾的一樣，儒教在中國人活著的時候給了他們同樣的生存的永恆感，在他們死時給了他們同樣的安慰感。正是這個原因中國人把祖先崇拜儀式看成和對皇帝的忠誠的神聖責任的原則同樣重要。孟子說：「不孝有三，無後為大。」孔子教導的、我稱之為中國的國家信仰的整個體系，其實只有兩個東西，對皇帝的忠誠和對父母的孝順──用中文說，就是忠孝。具體地說，忠實的三個條款，中文稱為三綱，儒教或者中國國家信仰的三個主要責任，按照重要程度分別是──第一，對皇帝效忠的絕對責任；第二，孝順和祖先崇拜；第三，婚姻的神聖不可侵犯和妻子對丈夫的絕對順

從。三個條款中最後兩個已經在我所謂的家庭信仰，或者前孔子時代中國的舊約信仰裡出現；而第一個條款——對皇帝效忠的絕對責任——是孔子首先教導的，是他憑此奠定了中華民族的國家信仰或者新約信仰。儒教裡忠實的第一條款——對皇帝效忠的絕對責任——取代了所有宗教裡面的忠實的第一條款——對上帝的信仰。由於儒教有信仰宗教中的上帝的替代物，儒教，正如我說明的那樣，可以替代宗教，中國人，中國如此眾多的人口，沒有宗教需要感。

現在，你們會問我，沒有宗教教導的對上帝的信念，怎麼能讓人，人類大眾，跟隨和遵守孔子教導的道德準則，對皇帝效忠的絕對責任，正如你能夠根據信仰上帝給予的權威，宗教給予的讓人們遵循和服從道德準則一樣嗎？在我回答你們的問題之前，請讓我首先指出你們的一個大錯誤，人們確信神的威信給予的約束力讓人遵守道德行為的準則。我告訴過你歐洲婚禮的聖禮和不可侵犯的約束力來自教會，而約束力的威信，教會說來自上帝。可我說過這個是表面的形式的約束力。婚姻的不可侵犯的真實的真正的內在的約束力，正如我們在沒有教會宗教的所有國家見到的那樣，是榮譽感，男人和女人的君子律法。遵守道德行為準則的義務的真正威信是人的道德感，君子律法。因此，對上帝的信念，並不必然讓人遵守道德行為。

正是這個事實，讓上世紀的伏爾泰和湯姆·佩恩這些懷

第二章　中國人的精神（中）

疑論者，讓今日的海勒姆‧馬克西姆這些理性主義者說，對上帝的信仰是宗教建立者發明、由牧師們維持的一種欺騙或欺詐。但這是個粗野荒謬的誹謗。所有的偉人、有偉大思想的人，始終都相信上帝。孔子也信上帝，雖然他很少提起它。拿破崙這等有如此偉大的實踐理智的人也信上帝。正如讚美詩作者所說：「只有傻瓜——粗野的、膚淺理性的人——才會真心說『沒有上帝』。」但是具有偉大思想的人對上帝的信仰不同於人類大眾對上帝的信仰。具有偉大思想的人對上帝的信仰類似史賓諾沙：是對宇宙的神聖秩序的信仰。孔子說：「五十知天命。」——也就是說，宇宙的神聖秩序。具有偉大思想的人對這種宇宙的神聖秩序有不同的稱呼。德國人費希特稱它為宇宙的神聖理念。中國的哲學語言稱他為道——道路。但是，不論具有偉大思想的人如何稱呼宇宙的神聖秩序，正是宇宙的神聖秩序的知識，使得具有偉大思想的人看到遵守構成宇宙神聖秩序部分的道德行為準則、或者道德律的絕對必要性。

因此，儘管對上帝的信仰並不必然使人服從道德行為的法則，但對上帝的信仰必然讓人看到服從這些法則絕對必要性。正是這種關於服從道德行為的絕對必要性的知識，能夠使得所有具有偉大思想的人遵循和服從那些法則。孔子說：「不知命，無以為君子也。」但那時，人類大眾沒有這種偉大思想，無法理解這種使得具有偉大思想的人通向宇宙的神

聖秩序的知識的推理，因此也不能理解遵守道德律的絕對必要性。事實上，正如馬修‧阿諾德所說的那樣：「道德律，首先被當作理念，然後作為律法被嚴格遵守，是並且只能是聖人所為。人類大眾沒有足夠的思想力量去理解作為理念的道德律，也沒有足夠的人格力量把它們當作律法來遵守。」正是這個原因，柏拉圖、亞里斯多德、赫伯特‧史賓賽講述的哲學和道德，只對學者有價值。

而宗教的價值在於，它能夠讓人，讓沒有理性力量和人格力量的人類大眾，嚴格遵循和服從道德行為的準則。但是，宗教如何並透過什麼方法使得人們做到這點呢？人們想像。宗教能夠使得人遵守道德行為準則，是透過教導人們信仰上帝達到的。如我向你們揭示過那樣，這是個大錯誤。讓人真正服從道德律或者道德行為的準則的唯一權威是道德感，即在他們之中的君子律法。孔子說：「人之外沒有道德律。」甚至基督救世主在教導他的宗教時也說：「天國在你心中。」因此我說，透過教導人們信仰上帝，宗教讓人遵守道德行為準則的觀念是一個錯誤。馬丁‧路德在丹尼爾書的評論裡讚美說：「上帝就在人心所信賴、忠實、希望和愛所在的地方。信仰的對，上帝也對；信仰的錯，上帝也是錯覺。」因此，宗教教導的這種對上帝的信仰，只是信仰，或者我所謂的，一個庇護。而路德又說：「這信念，也就是對上帝的信仰，一定是真實的；否則信念，這信仰，就

是錯覺。或者說,對上帝的信仰必定是對上帝的真實認識,是對宇宙神聖秩序的真實認識,而我們知道,這只有具有偉大思想的人才能達到而人類大眾不能達到。」因此,你看到宗教教導的對上帝的信念,人們想像是它讓人類大眾遵循和服從道德行為準則,是個錯覺。人們正確的把這種對上帝的信念——宗教所教導的對宇宙的神聖秩序的信念——稱為一個信仰、一個信任,或者我所謂的庇護。然而,這個庇護,宗教所教導的對上帝的信念,雖然是錯覺,一個幻象,卻有助於使人們遵守道德行為準則,因為我說過,對上帝的信念給了人們,人類大眾,一種生存的安全感和永恆感。歌德說:「虔誠,比如宗教所教導的對上帝的信念,不是目的而只是一個手段,透過它給予的心靈和情緒的完美平靜,獲得了修養和人的完美的最高狀態。」換句話說,宗教教導的對上帝的信念,透過給人生存的安全感和永恆感,讓他們平靜,給了他們必需的心靈和情緒的平靜,由此去感受他們之中君子律法或者道德感,我再次要說,這正是讓人真正服從道德行為準則或者道德律的唯一權威。

但是,如果宗教教導的對上帝的信仰只是有助於讓人們遵守道德行為準則,那麼宗教主要依靠什麼讓人,讓人類大眾,遵守道德行為準則呢?靠啟示。馬修·阿諾德確切地說:「無論什麼信條下的高貴靈魂,異教徒恩培多克勒和基督徒保羅,都堅持啟示這種讓道德行為完美的強烈情感的必

要性。」那麼，我說，宗教主要依靠的讓人們、讓人類大眾遵守道德行為準則或者道德律的這種啟示或者強烈情感（它是宗教依靠的至高美德）是什麼？

你們會記得，我告訴過你們，孔子教導的整個體系可以總結為一個詞：君子律法，歐洲語言裡最接近詞，我認為是道德律。孔子把君子律法稱為祕密。孔子說：「君子之道，費而隱。」然而孔子也說：「普通男女大眾的簡單智力也能知道這個祕密的一些東西。普通男女大眾的卑賤天性也能履行君子律法。」因為這個原因，歌德，他也了解孔子的君子律法這種祕密，稱它為「公開的祕密」。人類在哪裡以及如何發現這個祕密呢？你們會記得，孔子說過，我告訴過你們對君子律法的認識開始於對夫妻關係的認識——婚姻中男女的真正關係。因此祕密，歌德所說的公開的祕密，孔子的君子律法，首先透過男人和女人發現。那麼，男人和女人又是如何發現這個祕密——孔子的君子律法呢？

我告訴過你們，孔子的君子律法在歐洲語言中最接近的詞是道德律。那麼孔子的君子律法和道德律的不同在什麼地方——我指的是哲學家和道德學家的道德律或道德律法，有別於宗教導師教導的信仰或道德律法。為了理解孔子的君子律法與哲學家和道德學家的道德律法之間的不同，讓我們首先找到宗教與哲學家和道德學家的道德律法之間的不同。孔子說：「天命之謂性；率性之謂道；修道之謂教。」因此，

根據孔子的說法，宗教和道德律——哲學家和道德學家的道德律——之間的不同在於宗教是淨化的、有序的道德律，是道德律的更深入更高尚的標準。

哲學家的道德律告訴我們必須遵守我們人的律法，也就是理。而理，正如大家理解的那樣，意味著理性力量，思想和理性的緩慢過程，它讓我們區分和認識到事物的外在形式和可定義的屬性和品質。因此，理，我們的理性力量，只能讓我們看到道德關係裡可定義的屬性和品質，習俗、道德，也可以稱呼為外在的禮貌和死板的形式，或者說，對錯或正義的形式。理，單獨我們的理性，不能讓我們看到對錯或正義那不明確的、活生生的絕對本質，也可以說，正義的生命，或者說靈魂。因為這個原因，老子說：「道可道，非常道；名可名，非常名。」道德學家的道德律告訴我們必須遵守的我們人的律法，稱為良心，也就是我們的心。但是，正如希伯來聖經裡的智者說的那樣，人心裡有許多機巧。因此，當我們把良心，我們的心，作為我們人的律法來遵守，我們就可能傾向於去遵守，不是我所謂的正義的靈魂的聲音，正義的不明確的絕對本質，而是一個人心裡的許多機巧。

換言之，宗教用遵守我們人的律法的方式告訴我們必須遵守我們人的正確律法，不是動物的或我們的肉體律法，聖保羅所謂的肉體的心靈律法，著名的信徒奧古斯特·孔德、利特爾先生對此下了一個很好的定義：自我保存和繁殖的律

法；而我們人的真正律法，是聖保羅所謂的精神心靈的律法，孔子定義的君子律法。簡言之，我們人的這種真正律法，這就是宗教告訴我們去遵守，是基督所謂的我們內心的天國。因此，我們看到，正如孔子所說的，宗教是提煉過的、精神化的、有序的道德律，比哲學家和道德學家的道德律更高更深的標準。因此，基督說：「除非你的公正（或者道德）超越了猶太法學家和法利賽教徒（也就是哲學家和道德學家）的公正（或者道德），否則你不可能進入天國。」

和宗教一樣，孔子的君子律法也是提煉過的、有序的道德律——比哲學家和道德學家的道德律更深更高的道德律標準。哲學家和道德學家的道德律告訴我們必須遵守我們人的道德律，哲學家稱之為理，道德學家稱之為良心。但，和宗教一樣，孔子的君子律法告訴我們必須遵守真正的我們人的律法，不是街上一般人或者粗俗骯髒者的律法，而是愛默生所謂的世界上「最率直最單純的心靈」的人的律法。事實上，為了了解君子的人的律法是什麼？我們必須首先是君子，用愛默生話說，是在他自身中發展出來的君子的率直和單純的心靈。因此，孔子說：「人能弘道，非道弘人。」

然而，孔子說過，只要我們學習並嘗試獲得君子的細膩感情或品味，我們就可以知道什麼是君子律法。在孔子的教義裡，品味的漢語是禮，曾經被翻譯成禮節、禮數和禮貌，其實這個詞是品味的意思。品味，君子的細膩情感和好品

第二章 中國人的精神（中）

味,當用於道德行為時,用歐洲語言說,就是榮譽感。事實上,孔子的君子律法不是別的而就是榮譽感。這種榮譽感,孔子稱為君子律法,不是哲學家和道德學家的道德律,那是一種生硬的、死板的關於對錯的形式的或者公式的知識,而類似於基督教聖經裡的正義,一種對天生的、逼真的、生動的對錯或者正義的不明確的絕對本質的感知,即正義的生命和靈魂,也稱為榮譽的感知。

現在,我們可以回答這個問題:首先認識到夫妻關係的男人和女人,是怎麼認識到那個祕密,歌德的祕密,孔子的君子律法?男人和女人發現這個祕密,是因為他們有君子的細膩感情、好品味,應用於道德行為上就是榮譽感,這使得他們看到了對錯或者正義的不明確的絕對本質,即正義的生命和靈魂也就是榮譽。那麼是什麼給了、激發了男人和女人的這種細膩情感、好品味或者榮譽感,從而使他們看到正義的靈魂即榮譽呢？朱貝特的這句美文解釋了它。朱貝特說:「人不能真正公正對待他的鄰居,除非他愛他。」因此,讓男人和女人看到朱貝特所說的真正的公正,正義的靈魂也叫榮譽,讓他們發現這個祕密 —— 歌德所說的公開的祕密,孔子的君子律法 —— 的靈感就是愛 —— 男女之間的愛,就是說,產生了君子律法；這個祕密,因為擁有它,人類不但建立了社會和文明,而且建立了宗教 —— 去發現上帝。你現在會理解歌德借浮士德之口的忠實自白,其開頭是:

上面不是天堂的屋頂麼？

下面不是堅實的大地麼？

現在，我要告訴你們，不是宗教教導的對上帝的信仰讓人們遵守道德行為的準則。讓人遵守道德行為的準則的是宗教訴諸的君子律法——我們內心的天國。因此君子律法是真正的宗教生命，而對上帝的信仰以及宗教所教導的道德行為準則，可以說只不過是宗教的形式。但是，如果宗教的生命是君子律法，那麼宗教的靈魂、宗教的啟示之源——是愛。愛不單是指男女之愛這種人類最先了解的愛。愛包括所有真實的人類感情，父母子女之間的感情以及對所有生命的情感和善良，同情、憐憫、仁慈；事實上，所有真實的人類情感都包括在仁這個中國漢字裡面，如果用最接近的歐洲語言，用基督教的老話說，就是神性，因為這是人的最類似神的品質，用現代話來說，就是人性，人性的愛，或者用一個字來表達，愛。簡言之，宗教的靈魂，宗教的啟示之源就是這個中國字仁，愛——你可以稱呼它任何名字——最先是作為男女之愛出現在世界上。之後，這就是宗教的啟示，宗教的至高美德，我說過，宗教主要依靠它使得人、使得人類大眾能夠遵守構成了宇宙的神聖秩序部分的道德行為的準則或者道德律。孔子說：「君子之道，造端乎夫婦；及其至也，察乎天地。」

現在，我們在宗教裡發現啟示、活的情感。而宗教裡的

第二章 中國人的精神（中）

這種啟示或者活的情感不只在宗教裡可以發現 —— 我指的是教會宗教。每一個曾經感到一種使他超越自我利益的思考或恐懼的衝動的人，都感到這種啟示或活的情感。事實上，宗教裡的這種啟示或者活的情感在人的任何不是基於自我利益或者恐懼的動機，而是責任和榮譽感所驅動的行為裡都能找到。我要說，宗教裡的這種啟示或者活的情感不只是在信仰裡找到。宗教的價值在於所有偉大信仰的創立者身後留下的關於道德行為準則的話裡所有的、哲學家和道德學家的道德準則裡沒有的這種啟示或者活的情感，正如馬修·阿諾德所說，它照亮了準則並讓人們容易去遵守。而宗教的道德行為準則裡的啟示或者活的情感不只在信仰裡能夠找到。所有文學偉人，特別是詩人，他們的文章裡也充滿了信仰裡的啟示或者活的情感。比如，我曾經引用過的歌德的話，也有這種靈感或者活的情感。不幸的是，文學偉人的話不能傳達到人類大眾，因為所有的文學偉人都使用的是受過教育的人的語言，這是人類大眾所不能理解的。世界上所有偉大宗教的建立者有一個優勢，他們大都不是受過良好教育的人，因此，他們說的是沒有受過教育的人的樸素語言，這樣就能讓人類大眾理解他們。因此宗教，世界上所有偉大的宗教的真正價值，在於它可以向人類大眾傳播它所包含的啟示或者活的情感。為了理解歧視或者活的情感是怎樣進入宗教，進入世界上所有偉大宗教，那讓我們看看宗教是如何進入世界的。

第二章
中國人的精神（下）

第二章 中國人的精神(下)

　　如我們知道的那樣,世界上所有偉大宗教的建立者,都是具有特別甚至非凡強烈的情感天性的人。這種異常非凡的情感天性讓他們感受到強烈的愛的情感或人類感情,如我說過的那樣,這是宗教的啟示之源,宗教的靈魂。這種強烈的情感或愛的情感或人類情愛讓他們看到我所說得對錯或者正義的不明確的絕對的本質,即他們所說的公正的正義靈魂。這種對正義的絕對本質的生動理解讓他們看到了對錯律法或者道德律的統一。由於他們具有非常強烈的情感天性,他們具有強大的想像力,這就無意中把道德律的一致人格化為一種全能的超自然存在。這種超自然的全能的存在,他們想像中人格化的道德律的統一,他們稱之為上帝,他們相信,他們感受到的強烈的愛或者人類感情的情感或者激情來自那裡。於是,這樣宗教裡的啟示或者活的情感就進入了宗教;啟示照亮了宗教的道德行為準則,為人類大眾沿著道德行為的筆直的、狹窄的道路前進提供了情感和動力。但是現在,宗教的價值不只是他的道德行為準則裡面有歧視或者活的情感來照亮這些準則以便人們遵守。宗教,世界上所有偉大宗教的價值在於他們有一個組織來喚醒、鼓勵和點亮人的這種啟示或者活的情感,以便讓他們遵守道德行為準則。世界上所有偉大宗教裡的這種組織就是教會。

　　很多人相信,教會的建造是用來教導人們信仰上帝的。但這是個大錯誤。現代基督教會的這個大錯誤讓像已故的弗

勞德先生那樣誠實的人對現代基督教會感到噁心。弗勞德先生說:「在英格蘭我聽了上百個布道,關於忠實地祕密,關於神職人員的神聖使命,關於羅馬教皇的繼承,等等,實話說沒有一個我能夠回想起來誠實,樸素的戒律,『不可撒謊』,『不可偷竊』。」我很敬重佛魯德先生,但我以為他在說起教會,基督教會,應該教導道德時,他錯了。教會建立的目的無疑是讓人有道德,讓人遵守諸如「不可撒謊」、「不可偷竊」的道德行為準則。但是,世界上偉大宗教的教會的功能,真正的功能,不是教導道德,而是教導信仰,我曾向你們說明過,不是呆板方正的教條,諸如「不可撒謊」、「不可偷竊」,而是啟示,一種讓人們遵守準則的活的情感。換言之,世界上所有偉大宗教的教會是一個組織,我說過,喚醒並點亮人的啟示或者活的情感讓他們遵守道德行為準則。那麼教堂是怎麼喚醒並點亮人的啟示呢?

眾所周知,世界上所有偉大宗教的建立者不僅給了他們教導的道德行為準則以啟示或者活的情感,而且激勵他們的直系門徒以無限的讚美、愛和狂熱的情感來對待他們自身。當偉大導師死後,他們的直系門徒,為了保持對他們導師的無限的讚美、愛和狂熱的情感,就會建立一個教會。如我們知道的那樣,這就是世界上所有偉大宗教的教會的起源。教會喚醒並點亮了人所必需的啟示或者活的情感,讓人遵守道德行為準則,透過保持、激勵、鼓勵這種對門徒最先體驗到

第二章　中國人的精神（下）

的宗教的導師和創立者的人格和個性的無限讚美、愛和狂熱情感。人們不僅正確地稱呼這是對上帝的信仰，也是對宗教的一種信仰、一種信任；那麼是對誰的信任呢？對他們宗教的宗師和建立者的信任，伊斯蘭教裡的先知，基督教裡的基督。如果你問一個稱職的伊斯蘭教徒為什麼他信神並且遵守道德行為準則，他會正確回答你他這麼做是因為他信穆罕默德這個先知。如果你問一個稱職的基督徒為什麼他信上帝並且遵守道德行為準則，他會正確告訴你他這麼做是因為他愛基督。因此，你看到，對穆罕默德的信仰，對基督的愛，事實上我所說得對宗教的宗師和建立者的無限讚美、愛和狂熱的情感，被教會用來保持、激勵、鼓勵人，是啟示之源，世界上所有偉大宗教的真正力量，透過它可以讓人，人類大眾遵守道德行為準則。孟子，在談到中國歷史上兩個最純粹最基督式的人物，說：「人們聽說了伯夷和叔齊的精神，放蕩的惡棍不再自私，懦弱的人有了勇氣。」

我寫了這麼多，現在可以回答之前你們問我的問題了。你們問我，你們會記得，沒有宗教教導的對上帝的信念──一個人怎麼能讓人，讓人類大眾，跟隨和服從孔子在國家信仰裡教導的道德的準則──對皇帝忠誠的絕對責任？我向你們揭示了不是宗教所教導的對上帝的信仰使人真正地服從道德法則或道德行為法則。我向你們表明，宗教之所以能夠使人服從道德行為法則，主要是因為一個叫做教會

的組織喚醒和點亮了人之中的啟示或活的情感，正是這種情感使得他們服從那些法則。現在為了回答你們的問題，我會告訴你們，孔子的教義體系稱為儒教，中國的國家信仰，正如別的國家的教會宗教，讓人遵守道德行為準則的手段也是透過相當於別的國家的教會宗教裡的教會這樣的組織。在中國儒教中，這種國家信仰裡的組織就是──學校。學校是中國孔子的國家信仰裡的教會。如你們知道的那樣，漢語裡宗教信仰的「教」這個字也是教育的教。事實上，由於中國的教會就是學校，信仰在中國就意味著教育，修養。中國學校的目的和目標，不是像今日現代歐洲和美國，教人謀生，而正如教會宗教的目的和目標，是教人理解弗魯德先生所謂的基本戒律，「不要撒謊」、「不要偷竊」；事實上，教導人做個好人。「不論我們是否言行有素，」約翰生說：「不論我們是否想有用或者讓人愉快，最基本的是要有對和錯的虔誠的道德認識；然後，了解人類歷史，以及那些體現了真理，被事實證明的合理觀點。」

我們已經看到教會宗教的教會透過喚醒和點亮人的啟示或者活的情感，能讓人遵守道德行為準則，而它喚醒和點亮人的啟示或者活的情感，主要是透過激勵和喚起對宗教的宗師和建立者的無限讚美、愛和狂熱的情感。那麼，在學校──中國的孔子的國家信仰裡的教會──和別的國家的教會宗教裡的教會有一個區別。學校──中國的國

第二章 中國人的精神（下）

家信仰裡的教會，它確實能透過喚醒和點亮人的啟示或者活的情感讓人遵守道德行為的準則，如同教會宗教裡的教會一樣。但中國的學校用來喚醒和點亮人的歧視或者活的情感的方法不同於別的國家的教會宗教裡教會所用的方法。學校，中國孔子國家信仰裡的教會，不是透過激勵和點亮對孔子的無限敬仰、愛和狂熱的情感來喚醒和點亮啟示或者活的情感。孔子在他的一生中的確在他的直系門徒裡面激發了一種無限敬仰、愛和狂熱的情感，而且在他死後，在研究並理解他的所有偉人中間同樣激發了一種無限敬仰、愛和狂熱的情感。但是我們知道，孔子在他活著的時候以及在他死後，沒有像世界上別的偉大宗教的創立者那樣，曾激發了人類大眾同樣的讚美、愛和狂熱的情感。中國的普通大眾，並不像伊斯蘭國家的普通大眾讚美崇拜穆罕默德，或者如同歐洲國家的普通大眾讚美崇拜耶穌基督那樣，讚美崇拜孔子。在這方面，孔子就不屬於宗教建立者那一類人。為了成為歐洲詞義上的宗教建立者，一個人必須有特別甚至異常強烈的情感天性。孔子事實上是商王室的族裔後代，這個朝代在孔子生活的朝代之前統治中國——這個種族具有希伯來人民同樣強烈的情感天性。但是孔子自己生活在周王室的王朝裡，周王室——它是具有類似希臘人的良好理智天性的種族，周公就屬於這個種族，我說過，他是前孔子信仰的建立者，或者說是中國的舊約信仰時期的真正代表。因此，如果做個類比

的話,孔子就是希伯來人的出身,具有希伯來種族強烈的情感天性,同時接受了最好的理智教育,具有希臘文明所能給予的最好的理智修養。事實上,正如現代歐洲偉大的歌德,有一天歐洲人會認識到偉大的歌德所具有的最完美的人性,是歐洲文明產生的真正的歐洲人,正如中國人認識到孔子具有最完美的人性一樣,他是中國文明產生的真正中國人——我要說,正如偉大的歌德,孔子受過教育,有教養,因而不屬於宗教建立者之類的人。事實上,在孔子活著的時候,他並沒有被人們所了解,除了他最親密人和最直系的門徒之外。

我說,中國的學校,是孔子的國家信仰的教會,不是透過激起和喚醒對孔子的讚美、愛和狂熱的情感來喚醒和點亮啟示或者活的情感來讓人遵守道德行為準則。那麼中國的學校是如何喚醒和點亮啟示或者活的情感來讓人遵守道德行為準則呢?孔子說:「興於詩,立於禮,成於樂。」學校——中國國家信仰的教會——是透過教他們詩歌來喚醒和點亮人的啟示或者活的情感,由此讓他們遵守道德行為準則——事實上,所有真正的文學偉人的著作,如我說過的那樣,都具有宗教的所有道德行為準則中有的啟示或者活的情感。馬修·阿諾德,在談到荷馬和他的詩歌的高貴品質時說:「荷馬詩歌以及少數文學偉人的作品的高貴品質,能夠淨化蒙昧的人,能夠改造他。」事實上,無論什麼都是真實

第二章 中國人的精神（下）

的，無論什麼都是正直的，無論什麼都是純潔的，無論什麼都是可愛的，無論什麼都是有好名聲的，如果有任何美德，如果有任何讚譽的話——學校，中國的國家信仰的教會，都會讓人思考這些事情，透過使他們對它們的思考，喚醒和點亮了啟示或者活的情感，從而讓他們遵守道德行為準則。

但是你們會記得，我告訴過你們文學偉人的真正著作，比如荷馬詩歌，不能傳達於大眾，因為文學偉人使用的是受過教育的人的語言，這不能為人類大眾所理解。事實既然如此，那麼孔子教導的體系，儒教，中國的國家信仰，是如何喚醒和點亮了人類大眾、中國的普通大眾的啟示或活的情感，讓他們遵守道德行為準則呢？好，我曾告訴你們，中國相應於別的國家的教會宗教裡的教會組織的是學校。但這並不完全正確。在中國孔子的國家信仰裡，真正與別的國家的教會宗教裡的教會相應的真正組織——是家庭。真正的教會——學校不過是它的一個附屬物——中國的孔子國家信仰的真正教會，是每一個房屋有祖先牌位和祖先拜堂，在每一個村鎮有祖先廟堂的家庭。我曾經告訴你們說，啟示之源，世界上所有的偉大宗教讓人、讓人類大眾遵守道德行為準則的真正動力，是教會激勵和喚起人們對宗教的宗師和創立者的無限的讚美、愛和狂熱的情感。那麼，在中國的國家信仰裡面，讓人、讓中國的普通大眾遵守道德行為準則的啟示之源，真正的動力是「對父母的愛」。基督教教會宗教的

教會,說:「愛基督。」中國孔子的國家信仰的教會——每個家庭的祖先排位——說「愛你的父母」。聖保羅說:「讓每一個人都喚基督的名,遠離不公正。」而《孝經》的作者,這本書寫於漢朝,類似於基督的中國人,他說:「讓愛父母的人遠離不公正。」簡言之,正如基督教教會宗教的本質、動力、真正的啟示之源,是對基督的愛,國家信仰,中國的儒教的本質、動力、真正的啟示之源是「對父母的愛」——孝順,以及祖先崇拜儀式。

孔子說:「踐其位,行其禮,奏其樂,敬其所尊,愛其所親,事死如事生,事亡如事存,孝之至也。」孔子還說:「慎終追遠,民德歸厚矣。」這就是中國的國家信仰,儒教,如何喚醒和點亮人們的啟示或者活的情感,從而使得他們遵守道德行為準則的方法,所有這些法則中最高最重要的一條就是對皇帝效忠的絕對責任,就像世界上所有偉大宗教裡面最高最重要的道德行為準則就是畏懼上帝一樣。換言之,基督教的教會宗教說:「畏懼上帝,服從他。」而孔子的國家信仰——儒教說:「尊敬皇帝,效忠他。」基督教教會宗教說:「如果你畏懼上帝並服從他,首先要愛基督。」孔子的國家信仰,或者儒教說:「如果你想尊敬皇帝並效忠他,首先要愛你的父母。」

現在,我已經為你們揭示了,中國文明為什麼自孔子時代以來這 2,500 年沒有心靈和頭腦衝突的原因。之所以沒有

第二章　中國人的精神（下）

　　這種衝突，其原因是中國人，甚至中國的普通大眾，沒有宗教需要感——我是說歐洲詞義上的宗教；而中國人沒有宗教需要感，其原因是中國人在儒教裡有某種東西可以取代宗教。這種東西，我已經向你們說明，是孔子在他給中華民族的國家信仰裡教導的對皇帝的效忠的絕對責任的原則，稱為名分大義的榮譽法典。孔子為中國人民所做的最偉大的工作，我說過，是給了他們國家信仰，教導他們對皇帝的效忠的絕對責任。

　　因此，我認為，探討孔子以及他為中華民族所做的事情是必需的，因為它與我們現在討論問題——中國人的精神——非常相關。因為我想告訴你們，你們也會從我所說的話裡理解到，中國人，特別是受過教育的中國人，有意地忘記並放棄了他曾經效忠的榮譽法典，中國孔子的國家信仰的名分大義，對皇帝或者元首效忠的絕對神聖責任，這樣的中國人已經丟掉了中國人的精神，丟掉了他的民族和種族的精神：他不再是一個真正的中國人。

　　最後，讓我簡單地總結一下關於我們討論的題目——中國人的精神或者真正的中國人，我想要說些什麼。真正的中國人，我向你們說明過，是過著具有成人的理智同時具有孩子的單純心靈的生活的人，中國人的精神是靈魂和理性的恰當結合。現在，如果你考察中國人的心靈在第一流的藝術文學作品裡的產品，你會發現它正是靈魂和理性的恰當結

合——讓這些作品悅人可喜。馬修・阿諾德對荷馬詩歌的評論對中國所有第一流的文學同樣適合,「不但具有深刻觸動人性本心的力量,這是伏爾泰不能企及的弱點,也具有伏爾泰那令人驚異的樸素性和理性。」

馬修・阿諾德把這位最好的希臘詩人的詩歌稱為富有想像力的理性的女祭司。中國人的精神,正如在最好的標本、也就是他們的藝術和文學的作品裡面是看到的那樣,正是馬修・阿諾德所說的富有想像力的理性。馬修・阿諾德說:「後來的異教徒的詩歌依靠感覺和理智生活;中世紀基督徒的詩歌靠心靈和想像生活。而現代精神生活,當今的現代歐洲精神的主要因素,既不是感覺和理智,也不是心靈和想像,而是富有想像力的理智。」

如果馬修・阿諾德這裡所說的是真的,今日歐洲人民的現代精神的因素是富有想像力的理性,那麼你就會發現中國人的精神對歐洲人有多麼巨大的價值——這種精神就是馬修・阿諾德所謂的富有想像力的理性。我說,它非常有價值,非常重要,值得研究、值得理解、值得熱愛,而不是忽視、輕視、試圖毀滅它。

但是現在,在我最後作結論前,我想給你們一個警告。在考慮我給你們說明的中國人的精神時,你們一定要記住它不是科學,哲學,神學,或者什麼主義,比如勃拉瓦茨基夫人或者貝贊特夫人的神學或者主義。中國人的精神甚至不

085

第二章　中國人的精神（下）

是心理活動——一種大腦和心靈的活躍運轉。我想告訴你們，中國人的精神是心靈的狀態，靈魂的性情，你們不能像學速記或者世界語一樣學習它，——簡單說，它是一種心態，或者用詩人的話說，一種寧靜祥和的心態。

最後，請允許我為你們朗誦非常中國化的英國詩人華茲華斯的幾行詩，它勝過我本人說過的或能說的任何言詞，它為你們描述了中國人的精神中寧靜祥和的心態。這幾行英國詩以我力所不及的手法向你們呈現了中國式人性裡靈魂和理性的完美結合，以及賦予真正中國人無以言表的文雅的寧靜祥和，華茲華斯在〈丁登修道院〉這首詩裡說：

同樣，憑藉它們

我還在更高尚的方面

得到別的餽贈：祥和的心態

讓神祕的重負，

讓整個難以了解的世界給予的

沉重惱人的負擔，

得到緩解：——在寧靜祥和的心態下

柔情引導我們前行，——

直到我們的肉體的呼吸

甚至血液的流動

都停下了，我們的身體已經

熟睡,成了活的靈魂:
我們的眼睛在和諧的力量下變得
寧靜,在快樂的力量下變得深邃,
我們看清了萬物的生命。

　　寧靜祥和的心態讓我們看清了萬物的生命:這就是充滿想像力的理性,這就是中國人的精神。

第二章　中國人的精神（下）

第三章
中國婦女

第三章　中國婦女

馬修‧阿諾德，他在談到《聖經》裡的論據在下議院被用來支持一個是否准許男人和他亡妻的妹妹結婚的法案時說：「仔細考慮這件麻煩事，誰會相信，當女性天性、女性觀念以及我們和她們的關係出了問題時，優雅敏悟的印歐種族，發明了繆斯女神、騎士精神、聖母瑪麗婭的印歐種族，卻發現這個問題的定論出自擁有七百個妻和三百個妾的賢明國王統治下的閃族人？」

這裡，我想從上文冗長句子中引出的詞是「女性觀念」。那麼什麼是中國人的女性觀念？什麼是中國人的女性天性的觀念以及她們與那種觀念的關係？在深入探討之前，我想說雖然我敬重馬修‧阿諾德，尊重印歐種族，但是閃族，古希伯來人的女性觀念並不像馬修‧阿諾德用他們最賢明的國王有大批妻妾這個事實所描繪的那般恐怖。因為古希伯來人的女性觀念，如我們可以在他們的文學作品中找到的那樣：「誰能找到貞潔的女人？她的價值遠勝紅寶石。她的丈夫安心信賴她。天沒亮她就起床了，給家人準備食物，給姊妹準備嫁妝。她扶著紡錘握著捲線桿。下雪了她不會擔心家人，因為她的家人穿著大衣。她言談明智，語調親切。她照看家人，她不吃閒飯。她的孩子成長並祝福她，她的丈夫祝福並讚美她。」

我認為，這畢竟不能算恐怖，不能算糟糕──這就是閃族人的女性觀念。當然它不像印歐種族的女性觀念，像

聖母瑪麗婭或者繆斯女神那麼脫俗。然而，我認為必須承認——聖母瑪麗婭和繆斯非常適合在房間裡作為畫像掛起來，但如果你把掃帚放在繆斯手裡或者讓瑪麗婭進廚房，我可以肯定你的房間會一團糟，早上起來你多半也會吃不到早餐。孔子說：「道不遠人。人之為道而遠人，不可以為道。」但是，如果希伯來人的女性觀念無法和聖母瑪麗婭或者繆斯相比，那麼我認為，它能很好地和現代歐洲的女性觀念，今日歐洲和美國的印歐人種的女性觀念相比。在這裡我不討論英格蘭的婦女參政論者。把古希伯來人的女性觀念和現代的女性觀念，比如現代小說裡的女主角的女性觀念做比較，例如小仲馬的《茶花女》。順便提一下，人們可能有興趣知道，在所有翻譯成中文的歐洲文學作品中，小仲馬的這部將汙穢墮落的女人看作超級女性理想的小說，在目前趕時髦的中國尤為暢銷，獲得了極大的成功。這本法國小說的中文譯名為《茶花女》，它甚至已被改編成戲劇，風行於中國大江南北的劇院舞臺。現在，如果你將閃族人的古代女性觀念，那一心只要丈夫穿得體面自己卻不怕雪凍的女性，同今日歐洲印歐種族的女性觀念，那個沒有丈夫、因而用不著關心丈夫，只用將自己打扮得華貴體面，還永遠胸前放一朵茶花，卻奢靡而終的茶花女相比：那麼你就會懂得什麼是真實的文明，什麼是虛偽的和華而不實的文明。

而且，即使你把手拿紡錘、指握紗梭、操持家務、不吃

第三章　中國婦女

閒飯的古希伯來女性觀念，與指按琴鍵、手把鮮花、身穿黃色緊身衣、頭戴金銀首飾、在儒學聯合會大廳的混雜人群之前搔首賣唱的那些現代所謂婦女相比，即使你比較這兩種女性觀念，你只會發現現代中國與真正的文明越來越漸行漸遠。因為女性是一個民族的文明之花，是這個民族的文明表徵。

但是現在，就到了我們的問題：什麼是中國的女性觀念？我要說，中國的女性觀念本質上與古希伯來的女性觀念一樣，至於它們之間的一個重要差別我之後會論及。中國的女性觀念之所以與古希伯來的女性觀念一樣，是因為它不是僅僅掛在房間牆壁上的一幅畫；它也不是一個男人用整個生命去愛撫和崇拜的一個女性。中國的女性觀念是手拿掃帚打掃房間的形象。實際上，中國書寫文字表示妻子的漢字「婦」，其根本的意思就是一個婦女和一把掃帚。在正統中國人那裡，在我稱之為官方統一的中國人那裡，一個妻子就被稱作供應房的主人──廚房的主婦。確實，真正的女性觀念──一個真正的、而非華而不實的文明的人民的女性觀念，比如古希伯來人，古希臘人和古羅馬人，基本上與中國人的女性觀念是一樣的：真正的女性觀念一直是主婦、管理家務的婦女。

不過現在，我們要講得更為詳細些。中國的女性觀念，就它從最早的時候傳承下來的樣子，可以總結為「三從四

德」。那麼，什麼是「四德」呢？它們是：第一是婦德；第二是婦言；第三是婦容；最後則是婦功。婦德不是指具有非凡的才能智慧，而是指謙恭、欣悅、貞潔、堅貞、整潔、不可指責的行為和完美的舉止。婦言不是指雄辯或誘人的談吐，而是指言詞謹慎，從不說粗鄙或強暴的言詞，知道什麼時候該說什麼時候不該說。婦容不是指面容的美麗或漂亮，而是指個人在穿著打扮上清潔而無可指責。最後，婦功不是指什麼特殊的技能或能力，而是指勤於紡工，而不亂費時間在嬉笑上，尤其當家裡有客人的時候，要在廚房裡準備好乾淨衛生的食物。這就是一個婦女行為的四個基本要點，記載於《女誡》一書之中，這本書是漢朝大史家班固之妹曹氏班昭所著。

那麼，什麼是中國女性觀念中的「三從」呢？它們實際上指的是三種自我犧牲或「為別人而活」。也就是說，當一個婦女未嫁時，她為其父而活；嫁了之後，則為其夫而活；成了寡婦之後，則為其子而活。事實上，在中國，一個婦女的主要目的不是為自己而活，也不是為社會而活；也不是成為一個改革者或者女性情感聯合會的主席；也不是作為一個聖徒而活著，也不需要為這個世界作出貢獻；在中國，一個婦女的主要目標，就是做一個好女兒，好妻子和好母親。

我的一個外國的女性朋友曾寫信問我，我們中國人是不是像伊斯蘭教徒一樣，認為婦女是沒有靈魂的？我回信告訴

第三章　中國婦女

她說，我們中國人不認為婦女沒有靈魂，但是我們認為一個婦女——一個真正的中國婦女沒有自我。既然現在在中國婦女上談到了「沒有自我」，那我就要稍微談及一個非常困難的主題——這個主題不僅困難，而且恐怕對於那些受過現代歐洲教育的人來說是不可能理解的，那就是中國的納妾。納妾這一主題，恐怕在我看來，公開談論不僅是一個困難的主題，而且還是一個危險的主題。但是，正如英詩所言：

「傻瓜闖進了天使畏懼不前的地方。」

在這裡，我將盡我的最大努力說明，在中國為什麼納妾不是人們一般想像的那樣是不道德的習俗。

在納妾這一主題上，我想說的第一件事是，正是因為中國婦女的無私使得納妾在中國不僅可能，而且並非不道德。但是，在我進一步闡述之前，讓我在此告訴你們，在中國，納妾不是說有許多個妻子。根據中國的法律，一個男人只允許有一個妻子，但是，只要他願意，他可以有許多侍女或妾。在日本，侍女或妾被稱作「手靠」或「眼靠」；就是說，在你累了時候手可以依靠、眼可以注目的地方。我說過，中國的女性觀念不是一個男人用整個一生去愛撫和崇拜的女性形象。中國的女性觀念是，作為一個妻子，要絕對無私地忠誠於她的丈夫。因此，當丈夫生病或由於其心腦過度操勞而疲憊，需要一個侍女，一個手靠或眼靠來恢復健康以適應其

生活和工作時，中國這一無私的妻子就會給予這些，就像歐美的一個好妻子在其丈夫病了或需要時給予他一把靠椅或一杯羊奶一樣。實際上，正是中國妻子的這種無私，她的義務感，這種自我犧牲的義務，使得中國男人能夠擁有侍女或妾。

但是人們會對我說，「為什麼只要求婦女無私和犧牲？男人呢？」關於這一點，我要說，男人不是沒有這樣的要求——丈夫辛辛苦苦地為家庭而工作，尤其如果他是一個紳士時，他就不只是為他的家庭盡他的義務，而且還要為他的君主和國家盡其義務，而且這樣做的時候，有時候甚至需要獻出他的生命：他難道不是也在作出犧牲嗎？康熙皇帝臨終前在其病榻上發出的遺詔說：「直到現在，我才明白，在中國做一個皇帝是多大的一種犧牲。」

可是，在此我順便提及，J.B. 布蘭德和白克豪斯先生在他們最近的著作中，把康熙皇帝描述成一個身材高大、無助、令人恐怖的淫棍，他是被他那些眾多的妻兒拖進了墳墓。當然，對於 J.B. 布蘭德和白克豪斯這樣的現代人而言，納妾是不可想像的，只能被當作某種令人恐怖的、卑鄙的和骯髒的事情，因為這種人敗壞了的想像，只能想到骯髒的、卑鄙的和令人恐怖的事情。不過，這些只是題外話。現在，在此我想說的是，一切真正的男人的生活——從皇帝到人力車伕、苦工——和一切真正的婦女的生活，都是一

第三章　中國婦女

種犧牲的生活。在中國，婦女的犧牲就是絕對忠誠於她稱之為丈夫的人，男人的犧牲就是不惜一切代價保護這個婦女或者他帶進其家庭的所有婦女，以及他們生養的孩子。確實，對於那些認為中國的納妾是不道德的人，我要說，在我看來，擁有群妾的中國達官貴人，比騎著摩托車在大街上勾搭一個無依無靠的婦女，與其調情一夜之後第二天早上重又把她拋回到大街上的歐洲人相比，更少自私、更少不道德。擁有群妾的中國達官貴人可能是自私的，但他至少他的群妾提供了一個棲身之所，讓自己對那些他擁有的婦女的扶養負責。事實上，如果這個達官貴人是自私的，那麼我要說，騎著摩托車的歐洲人就不僅是自私的，而且是懦夫。羅斯金說，「一個真正的戰士，其榮譽絕不是因為他能夠去屠殺，而是他願意並準備隨時獻出生命。」同樣，我要說，一個婦女的榮譽——在中國，一個真正的婦女不僅是愛她丈夫並對他真誠，而且是絕對無私地為他而活。事實上，這一無私的宗教是婦女的宗教，尤其是中國貴婦或夫人的宗教，就像我在別處盡力說明的忠誠宗教是男人的宗教一樣——中國紳士的宗教。只有當外國人理解了這兩種宗教——「忠誠宗教和無私宗教」，他們才能夠理解真正的中國人，或真正的中國婦女。

但是人們又會對我說，「愛是怎麼回事呢？一個真正地愛著他的妻子的男人，還有心去愛家庭裡除她之外其他婦女嗎？」對此，我要說，當然能——為什麼不能呢？一個男

人是否真愛他的妻子,其真實的檢驗不是他是否用一生拜倒在她的腳下奉承她。一個男人是否真正地愛他的妻子,真正的檢驗是,他是否渴望並試圖合理地保護她,而且不傷害她,不傷害她的感情。現在,如果把一個陌生女人帶進家裡,這肯定會傷害到妻子,傷害到她的感情的。但在此我要說,正是我所謂的無私的宗教使得他的妻子免於傷害:在中國,正是婦女這一絕對的無私,使得她看見其丈夫把另一個女人帶進家庭時,又可能不感到受傷害。換句話說,正是中國婦女的這一無私,使得丈夫,允許丈夫能夠納妾而不會傷害到他的妻子。在這裡,我要指出,一個紳士——一個真正的中國紳士,從來不會不經他的妻子的同意而納妾的,而一個真正的中國貴婦或夫人,無論什麼時候,她都有一個健全的理性認為她的丈夫應該納妾,她不會不同意。丈夫中年之後無子嗣,都想納妾,諸如此類的事情我知道許多,但是由於妻子的不同意而終止了這樣的想法。我還知道這樣一個事情,丈夫由於不想傷害到多病體弱的妻子,在妻子催促他納妾時拒絕這樣做,但是他的妻子,在他不知情的情況下,不僅給他納了一妾,而且迫使他與其同房。事實上,在中國,保護妻子免於受到妾的侮辱就是丈夫對她的愛。因此,在中國,說丈夫因為他們納妾而不能真正地愛他們的妻子,還不如說正是因為丈夫非常愛他的妻子,他才有納妾的權利和自由,而不會擔心他會濫用這種權利和自由。這種自由,這種特權常常會被

第三章　中國婦女

濫用——尤其當這個國家的男人的榮譽感像現在無政府主義的中國那樣低下的時候。但是我依然要說，在中國，丈夫允許納妾所含有的對妻子的保護，是丈夫對妻子的愛，是丈夫之愛，而且我這裡還要補充說在，這種愛是得體的——這是真正的中國紳士的完美得體。我懷疑，在一千個普通的歐美人中間，是否有一個人能夠在家裡容納一個以上的婦女而不至於把家庭搞成一個鬥雞場或者地獄。簡言之，正是這種得體——真正的中國紳士的完美得體，使得中國的妻子有可能不受到傷害，在丈夫在與她同一個屋子裡擁有一個侍女、一個手靠、一個眼靠的時候。總結來說——正是這種無私的宗教，婦女的絕對無私的宗教——貴婦和夫人以及丈夫對其妻子的愛和得體——真正的中國紳士的完美得體，如我說的那樣，使得納妾在中國不僅是可能的，而且不是不道德的。孔子說：「君子之道，造端乎夫婦。」

現在，為了使那些可能依然表示懷疑的人相信中國的丈夫們能夠真正地愛他們的妻子，能夠深深地愛他們的妻子，我要從中國歷史和文學中提供充分的例子。為了此目的，我本特別想在此引用和翻譯元稹（唐朝詩人）在其妻亡故時所作的一首輓歌。但是很遺憾，這首詩太長了，不適合於在這篇本來已過長的文章中引用。然而，那些知道中國人的人，如果想要知道這種感情到底有多深——這種感情，是真正的愛，而不是現時代常常誤認為愛的性慾——在中國一個

丈夫對於其妻的愛到底有多深,就應該去讀一下這一首輓歌,它在任何一個普通的唐詩選集中都能找到。這首輓歌的標題是〈遣悲懷〉。由於我在這裡無法引用這一輓歌,我打算代之以一個現代人所寫的一首四行詩,這個現代人曾經是已故總督張之洞的幕僚。這個詩人曾帶著他的妻子到武昌,多年之後,他的妻子亡故。隨即他不得不離開了武昌,在離開武昌之前,他寫了這首。這首詩如下:

此恨人人有,
百年能有幾?
痛哉長江水,
同渡不同歸。

用英語表達大概如下:

The feeling here is common to everyone.
One hundred years —— how many can attain?
But it's heartbreaking, O ye waters of the Yangtze.
Together we came, but together we return not.

甚至於丁尼生的詩相比,這裡的這首詩所表達的感情即使不更為深沉,在言詞上也更為精煉。丁尼生的詩寫道:

撞擊啊,撞擊啊,撞擊啊,
撞擊在冰冷灰白的岩石上,噢,大海呀!
……

第三章　中國婦女

輕撫的雙手突然消失，

你的聲音卻猶然在耳！

但是，現在在中國，妻子對丈夫的愛又是如何呢？我認為這無需什麼證據來表明。確實，在中國，新郎和新娘在婚前不能相見是規矩，然而，即使如此新郎和新娘之前也是有愛的，我們可以從唐朝的一首四行詩中看到這一點：

洞房昨夜停紅燭，

待曉堂前拜舅姑。

妝罷低聲問夫婿，

畫眉深淺入時無？

用英語表達大概如下：

IN THE BRIDAL CHAMBER LAST NIGHT STOOD RED CANDLES;

WAITING FOR THE MORNING TO SALUTE THE FATHER AND

MOTHER IN THE HALL,

TOILET FINISHED, —— IN A LOW VOICE SHE ASKS HER SWEETHEART HUSBAND,

"ARE THE SHADES IN MY PAINTED EYEBROWS QUITE A LA MODE?"

這裡，為了說明以上這些，我必須告訴你們關於中國的婚姻的某些風俗。在中國的合法婚姻中存在著六禮：第一，問名，也就是正式提親；第二，納彩，也就是定親；第三，定婚期；第四，迎娶；第五，奠雁，也就是雁前灑酒，即盟誓，之所以如此，是因為雁北認識是配偶之愛中最為忠貞的；第六，廟見。在這六禮中，最後兩個環節是最為重要的，因此我在這裡要對它們做更為詳細的描述。

　　第四個禮節，迎娶，現在除了在我的家鄉福建省還保存著這一古老風俗之外——一般都省卻了，因為這一禮節給新郎那一方的家庭增添了太多的麻煩和費用。如今，新娘不再是被迎娶，而是被送到新郎家。當新娘到達的時候，新郎要在門口迎接，並且要親自開啟轎門領她到屋子的廳堂。在那裡，新娘新郎拜天地，就是說，他們雙雙面對擺在大門口有燃燒的紅燭桌子跪下，面對蒼天而拜，接著丈夫灑酒在地——前面放著新娘帶來的一對雁（如果沒有雁，普通的鵝也可以）。這就是在雁面前灑酒的奠雁；男女雙方盟誓——他發誓終於妻子，她發誓忠於丈夫，就像好像他們眼前的雙雁一樣，彼此忠於對方。從這一刻開始，可以說，他們成了自然的甜蜜愛人，但這只是在道德法的範圍內，在君子法中——他們彼此被給予忠貞的榮譽，但還沒有得到公民法的認可。這一禮節因此可以被叫做道德或宗教婚姻。

　　接下來的禮節，就是新娘與新郎之間的交拜。新娘站到

第三章　中國婦女

廳堂的右側，首先跪在新郎之前——同時新郎也跪在新娘面前。之後他們交換位置跪拜。新郎現在站在新娘剛才站的位置，在新娘面前跪下——新娘也按新郎剛才所做的那樣做一遍。這裡我要指出的是，這種相互交拜的禮節，毫無疑問在中國是男女之間的完全平等的，夫妻之間是完全平等的。

如我之前所說的那樣，這種相互盟誓的禮節可以被叫做道德或宗教婚姻，這區別於三天之後舉行的公民婚姻——在道德或宗教婚姻中，男人和女人在道德法——上帝面前成為夫妻。這一契約只是在夫妻之間有效。國家，或者，比如在中國，家庭在所有的社會和公民生活中取代了國家——國家只是被當作申訴的法庭——這裡，家庭在這種男女之間的婚姻或契約即道德或宗教婚姻中，沒有裁判權。事實上，在公民婚姻開始的第一天到第三天，新娘不僅不被介紹，而且不允許被新郎家庭的成員看見或被看見。

因此，在中國的生活中，新郎和新娘單獨地度過了兩天兩夜，當然這不是在法律的意義上，而是在甜蜜愛人的意義上講的。在第三天——那時中國婚姻中的最後一個禮節——廟見，或公民婚姻。我說，第三天舉行的廟見，是《禮》的規定。但是現在，為了省卻麻煩和節約費用，一般都在當天時候就舉行。這一禮節——廟見，如果這個家族的祖廟就在附近——當然就在祖廟中舉行。但是，居住在城鎮中的人們，他們的祖廟不在附近，在中國，這一禮節則

在有身分或名望哪怕很窮的人家的祖廟中舉行。這種祖廟，祠堂，裡面一般都有一個靈臺，或者牆上貼有紅紙，如我在別的地方說到的那樣，在中國，這一儒教的國家宗教的教堂，對應於基督教國家的教會宗教的教堂。

這一禮節──廟見，從新郎的父親跪在靈臺前開始，如果父親已經不在，則有家庭的最親的長輩成員替代──這樣向死去的祖先的靈魂宣告，家庭的一個年輕成員現在把一個妻子領進了家門。之後，新郎和新娘依次跪在祖先的靈臺前。從這一刻開始，男人和女人就成了夫妻──不僅是在道德法或上帝之前的夫妻──而且在家庭前，在國家前，在公民法之前成了夫妻。因此，我把中國婚姻中的廟見稱作公民或國民婚姻。在這一公民或國民婚姻之前，這個婦女，即新娘──根據《禮》，──不是一個合法的妻子──要是妻子恰巧在廟見這一禮節之前死去，她就不能允許──根據《禮》──葬在她的丈夫家庭的墓地，她的牌位也不能放在他的家族的祖廟中。

如此，我們看到，在中國，一個合法的公民婚姻中，契約不是這個女人和這個男人之間的契約。這個契約是這個女人與她的丈夫的家庭之間的契約。她不是同他結婚，而是進入他的家庭。在中國，一位中國太太的名片上，不會寫成諸如「辜鴻銘夫人」之類，而是刻板地寫成「歸晉安馮氏襝衽」等等──在中國，婚姻契約是這個女人與她的丈夫的

第三章　中國婦女

家庭之間進行的——如果沒有家庭的同意，丈夫和妻子是任何一方都沒有權利中斷契約。這裡我想指出，這是中國婚姻與歐美婚姻的一個根本差異。歐美婚姻——是我們中國人——稱之為的情人婚姻，一種只限於個體的男人與個體的女人之間的愛的婚姻。但是，在中國，如我說過的那樣，婚姻是一種公民婚姻，它不是這個女人與這個那人之間的契約，而是這個女人與她的丈夫的家庭之間的契約——她不僅對他有義務，而且對他的家庭有義務，透過這個家庭，對社會也有義務——對社會的或公民的秩序有義務；事實上，對國家也有義務。最後，讓我在這裡指出，在中國，正是這種公民的婚姻概念，保證了家庭、社會或公民秩序以及國家的統一和穩定。至此，請允許我說——歐美人似乎理解的真正的公民生活意旨的是什麼，他們似乎理解和擁有的真正的公民是一個什麼樣的概念——公民不是一個為自己而活的人，而是首先為他的家庭而活的人，並且由此而為公民秩序或國家而活——在這個詞的真實意義上，歐美卻沒有出現一個穩定的社會、公民秩序或國家的東西——我們現在看到的現代歐美國家，那裡的男男女女根本就沒有一個真正的公民生活概念——這樣的國家設有議會和政府機器，如果你願意的話，可以稱之為——一個巨大的商行，或者在戰爭時期，可以真正地稱之為匪徒海盜幫——而不是一個國家。事實上，這裡我可以進一步說，正是這種只具有關心

最大股東的利益的自私物質利益的巨大商行的錯誤的國家概念 —— 這種錯誤的匪徒合夥精神的國家概念，說到底，是現在歐洲進行的可怖戰爭的原因。簡言之，沒有一個真正的公民生活概念，就沒有一個真正的國家，沒有一個真正的國家，哪來的文明。對於我們中國人，一個沒有結婚的男人，就沒有家庭，沒有一個他可以棲身的家，也就不能成為一個愛國者，如果稱他為一個愛國者的話 —— 我們中國人會叫他為一個強盜愛國者。事實上，為了擁有一個國家或公民秩序的真正概念，一個人首先有一個真正的家庭概念，而要擁有一個真正的家庭、家庭生活概念，一個人就必須首先有一個真正的婚姻概念 —— 不是甜蜜情人的婚姻，而是一種在上面試圖描述的公民婚姻。

　　不過還是言歸正傳。現在，你們可以描繪出可愛的妻子如何等待天明去拜見公婆，刷洗完畢後，低聲地與她的甜蜜丈夫私語，羞怯地問畫眉如何。這裡，你們可以看到，我要說，這裡就有中國夫妻之間的愛，儘管他們在婚姻之前沒有見過對方。即使在婚姻的第三天。但是，如果你認為上面所說的那種愛還不夠深的話，那麼這裡有一個妻子寫給不在身邊丈夫的兩行詩：

當君懷歸日，

是妾斷腸時。

第三章　中國婦女

THE DAY WHEN YOU THINK OF COMING HOME,

AH! THEN MY HEART WILL ALREADY BE BROKEN.

莎士比亞在《如你喜歡的那樣》中的羅瑟琳德對她的表兄塞尼亞說：「表哥，表哥，我可愛的小表哥，你最了解我在愛中的感情有多深！但我無法表達：我的愛就像葡萄牙的海灣，難見其底。」在中國，一個女人——一個妻子對丈夫的愛，和那個男人——那個丈夫對他妻子的愛，可以說，就像羅瑟琳德對她表兄的愛一樣深不可測，無法形容。它就如同葡萄牙海灣那般難見其底。

不過，現在，我要談談中國人的女性觀念與古希伯來人的女性觀念之間的差別。在《所羅門之歌》中，希伯來情人是這樣表達他的愛情的：「妳多麼美麗啊，我的愛人，妳像提爾查一樣美麗，像耶路撒冷一樣清秀，像一隻揭竿而起的軍隊一樣可怕！」甚至在今天，凡是見過美麗的黑眼睛猶太女人的人，都會承認這一古希伯來情人在這裡給他的種族所描繪的女性理想的形象地真實性。但是在中國女性觀念中，在這裡我想說，不管在道德的意義上還是在自然的意義上，都沒有讓人感到可怕的因素。即使中國歷史上的海倫——這個一顧傾城、再顧傾國的美人，她的可怕也是在於她內在魅力的不可抗拒。在題為〈中國人的精神〉的文章中，我說過，用一個詞來概括中國人性類型的總體印象，那

麼這個詞用英語來說就是「GENTLE」。如果這適合於中國男人，那麼對於中國女人來說就更為真實。事實上，中國人的「優雅」，在中國女人那裡就成了甜蜜的溫柔。中國女人的溫順、柔順，就像彌爾頓在《失樂園》中的伊夫對她的丈夫所說：

上帝是你的律法，你是我的；
此外我一無所知，這是婦人最為幸福的知識和榮譽。

確實，中國女性觀念中的這種完美柔順的特質，在別的民族的女性觀念中是無法找到的——希伯來文明，希臘文明和羅馬文明中都沒有這樣的一種特質。中國女性觀念中的這種完美的、神聖的溫柔只能在一種文明——基督教文明達於完美的文藝復興時期才能找到。如果你讀薄伽丘的《十日談》中的格里塞爾達，你就會看到那裡表現的基督教女性觀念，你們就會理解這種完美的柔順，這種神聖的溫柔，這種絕對無私的溫柔在中國女性觀念所意旨的是什麼。

簡言之，在這種神聖的溫柔之中，基督教的女性觀念就是中國人的女性觀念，只是稍微有一點細微的差別。如果你們仔細比較一下基督的聖瑪麗婭畫像與中國藝術家所描繪的女妖形象——而不是觀音形象，你們就能夠看出這一細微差別——基督教女性觀念與中國女性觀念之間的差別。聖瑪麗婭是溫柔的，中國的女性形象也是溫柔。基督教的聖瑪

第三章　中國婦女

麗婭是清逸的，中國的女性形象也是清逸的。但是，中國的女性形象還不止於這些；中國的女性形象是溫文爾雅、殷勤有禮的。要對「DEBONAIR」這個詞所表達的魅力和優雅有一個概念，你們就要回到古希臘，

哦，我願去斯佩希卓克河流的原野和泰奇塔山麓，那斯巴達姑娘們跳著酒神舞的地方！

事實上，你將不得不到德沙利的原野和斯佩希卓克河流過的地方，到斯巴達姑娘載歌載舞的泰奇塔山麓。

確實，這裡我要說，甚至從宋朝時期到現在的中國，就是在宋朝的時候，宋朝的理學家們把儒教弄的僵化狹隘了，而正是在這樣的精神下，儒教被庸俗化了，從那時起，中國的婦女就失去了「DEBONAIR」這個詞所表達的許多魅力和優雅。因此，如果你們想要看到「DEBONAIR」這個詞在中國女性觀念中所表達的那種魅力和優雅，你們就應該去日本，在那裡，婦女甚至在今天，至少還保存著唐朝時候的真正的中國文明。正是「DEBONAIR」這個詞所表達的魅力和優雅，與中國人的女性觀念中的神聖的溫柔結合，給予了日本女性一種特別的特徵——甚至當今最為貧困的日本女性也不例外。

說到「DEBONAIR」這個詞所表達的這種魅力和優雅特性，在這裡請允許我引用馬修·阿諾德的幾句話。阿諾德把英國古板拘泥的新教教徒的理想女性形象，同法國靈巧嬌嫩

的天主教徒的理想婦女形象相對照，把法國詩人毛利斯‧德‧古寧受人愛戴的妹妹歐根尼‧德‧古寧，與一個寫過題為〈愛瑪‧塔莎姆小姐〉一詩的英國婦女比較，之後，他說：法國婦女是朗古多克的一名天主教徒，英國婦女是瑪戈特的一名新教徒，瑪戈特英國新教徒那古板拘泥的想像，體現在它所有無聊乏味的議論中，體現在它一切醜陋不合宜之中──這裡允許我加一句，也體現在它所有的予人裨益之中。在這兩種生活的外形和樣式之間，一面是朗古多克聖誕節上古爾琳的「Nadalet」，復活節她在泥地裡做的禮拜，她作為聖徒的一生的日常誦讀；另一面，則是塔莎姆小姐的新教那赤裸的、無聊空虛和狹隘的英國禮儀，她與瑪戈特霍雷廣場上的禮拜者結成的教會組織；她用柔軟、甜蜜的聲音對那激昂短詩的吟唱：

我主耶穌知道，並感到了他血液的流動，

「那就是永恆的生命」，那就是人間的天國！

這位年輕的來自主日學校的女教師與「值得尊敬的階級領袖湯瑪斯‧羅先生」相比──這種差距多大啊！從這兩種生活的基礎來看，是相似的；然而從它們的所有環境來看，它們是多麼的不同啊！有人說，這種不同是表面的、無關緊要的。確實，是表面的，然而，絕不是無關緊要的。在英國新教下的宗教生活，明顯缺乏優雅與動人之處，這絕非無關

第三章　中國婦女

緊要，它是一種真正的弱點。這件事應該由你們來做，而不能留給別人。

最後，在這裡，我想向你們指出中國女性觀念的所有特性中最為重要的特性，正是這種卓越的獨特性，使得她區別於所有其他民族或人民——無論是古代還是現代——的女性觀念。確實，中國婦女這一特性，它是世界上任何自命為文明的國家和民族的女性觀念所共有，但在這裡，我要說，這一特性在中國發展到的完美程度，恐怕是世界上任何別的地方都望塵莫及的。我所說的這一特性，用兩個中國字來描述，就是「幽閒」。在前文中，我所用過的對曹太太（大家）所著《女誡》的引文中，我將其翻譯為「MODESTY AND CHEERFULNESS」。中國的「幽」字，其字面意思是幽靜僻靜、害羞、神祕而玄妙。「閒」的字面意思是「自在或悠閒」。對於中國的「幽」字，英語「MODESTY」、「BASHFULNESS」只能給出一個大概的意思，德語「SITTSAMKEIT」則同它較為接近，但恐怕法語「PUDEUR」同它的本意最為接近。這種靦腆，這種羞澀，這種中國的「幽」字所表達的特性，我可以說，它是一切女性的本質特徵。對於一個女人而言，這種靦腆和羞澀越發展，她就越具有女性——雌性，事實上，她也就越成其為一個完美的、理想的女人。相反，一個喪失了中國「幽」字所表達的這種特性、喪失這種靦腆、這種羞澀的女人，那麼她的女性、雌

性，連同她的醇香芬芳也就一起消亡了，從而變成了一具行屍走肉或一堆肉。因此，正是中國女性觀念形象中的這種靦腆、這種「幽」字所表達的特性，應當使得中國婦女本能地感到和認識到，在公共場合拋頭露面是不成體統的、不應該的。按照中國人的正統觀念，上戲臺和在大庭廣眾面前歌唱，乃至到儒學聯合會的大廳裡搔首賣唱，都是下流的、極不合適的事情。就其積極方面而言，正是這種幽閒，這種與世隔絕的幽靜之愛，這種對花花世界誘惑的敏感抵制，這種中國女性觀念中的靦腆羞澀，賦予了真正的中國女人那種世界上其他民族的女性所不具備的一種芳香，一種比紫羅蘭香，比無法形容的蘭花香還要醇濃、還要清新愜意的芳香。

兩年前，我曾在《北京每日新聞》上翻譯過《詩經》中那首古老情歌的第一部分。我相信，它是世界上最古老的情歌——在這一部分裡，中國人女性觀念的形象被描述為這樣：

關關雎鳩，

在河之洲，

窈窕淑女，

君子好逑。

「窈窕」兩字與「幽閒」其含義在字面上是相同的，「窈」即幽靜恬靜的、溫柔的、羞羞答答的意思；「窕」字則是迷

111

第三章　中國婦女

人的、輕鬆快活、殷勤有禮的。「淑女」兩字則表示一個純潔或貞潔的少女或婦女。如此，在這首中國最古老的情歌中，你將發現中國女性觀念的三個基本特徵，即幽靜恬靜之愛，羞澀或靦腆以及「DEBONAIR」這個詞所表達的那無法言狀的優雅和魅力，最後是純潔或貞潔。簡言之，真正或真實的中國女人是貞潔的，是羞澀靦腆而有廉恥的，是輕鬆快活而迷人、殷勤有禮而優雅的。只有具備了這三個特徵的女人，才是中國的女性觀念——才配稱作真正的「中國婦女」。

儒家經典之一的《中庸》，我曾譯作「THE COUDUCT OF LIFE」，它的第一部分內容所包含的，就是人生準則方面儒教的實踐教義。在這一部分裡，是以對幸福的家庭描述來作為結束的：

妻子好合，

如鼓琴瑟。

兄弟既翕，

和樂且耽。

宜爾室家，

樂爾妻孥。

在中國，這種家庭簡直就是人間的小小天堂——作為一個擁有公民秩序的國家，中華帝國——就是真正的天

堂,天國降臨大地,降福於中國人民。於是為君子者,以其廉恥感、以其「忠誠教」,成為中華帝國公民秩序的堅強戰士;同樣,中國的婦女,那些貴婦或婦人,以其輕鬆快活、殷勤有禮的魅力和優雅,以其貞潔、靦腆,一句話:以她的「無私的宗教」,成為中國家庭 —— 人間小小天堂 —— 的守護天使。

第三章　中國婦女

第四章
中國語言

第四章　中國語言

所有想學中文的外國人都說中文是一種很難的語言。但中文真是一種很難的語言嗎？在我們回答這個問題之前，讓我們來理解一下中國語言的涵義。在中國，眾所周知的是，有兩種不同的語言：口語和書面語——我不是指方言。順便說一下，有誰知道中國人堅持把語言區分為口語與書面語的理由嗎？在此我將理由陳述如下。在中國，正如當歐洲處於拉丁文是學習用語時，人們也相應區分為兩種明顯的階級，即受過教育的和未受教育的人。口語是未受教育的人所用的語言，而書面語則是那些真正受過教育的人的語言。如果這樣，半受教育的人是不存在的。我說，這就是為什麼中國堅持兩種語言的理由。現在讓我們來看看在一個國家存在一半受過良好教育的人民的後果。看看今天的歐洲和美國吧。在歐洲和美國，自從拉丁文廢棄之後，口語與書面語的顯著差別已經消失，這樣就興起了一種受過一半教育的人民，與那些真正受過教育的人民一樣，他們也允許使用同樣的語言。儘管連文明、自由、中立、軍國主義和泛斯拉夫主義的真正含義都不知，他們還是將這些詞掛在嘴上。人們說普魯士軍國主義是文明的危險。但是我說，似乎當今世界上那些受過一半教育的人以及由這些人組成的烏合之眾，才是文明的真正危險。扯得遠了。

現在來看看這個問題：中文是一種很難的語言嗎？我的回答是，可以說是，也可以說不是。首先就口語而言，漢語

口語不僅很容易,而且與我所知的其他六種語言相比,是除了馬來語之外最容易的語言。漢語口語的容易根源在於它是一種極其簡單的語言。它是一種沒有語格,沒有時態,沒有規則與不規則動詞的語言。事實上,也不存在語法或其他任何規則。但是人們也對我說過,中文很難也是根源於它的簡單性,甚至源於它沒有語法。然而,那是不正確的。馬來語與漢語一樣,也是一種沒有語法規則的簡單語言。並且,即使學習馬來語的歐洲人也沒有發現困難。因此,對於中國人來說,漢語口語本身並不是一種很難的語言。但是對於那些來到中國的受過教育的歐洲人,尤其是半受教育的人來說,即使是漢語口語也是一種很難的語言。這是為什麼呢?因為就我所言,漢語口語是一種完全未受教育人的語言;事實上它是小孩的語言。對此一個證據為,當那些有學問的漢學家堅持說漢語是如此之難時,我們都知道歐洲小孩學習漢語口語是如此的容易。我再一次說:漢語,漢語口語是小孩的語言。因此,對於我的那些想學漢語的國外朋友來說,我的第一條建議就是:「把自己當作一個小孩,你將不僅進入天堂之門,而且你也能學好漢語了。」

現在讓我們來談談漢語的書面語。但是在我深入展開之前,我認為存在好幾種漢語書面語形式。傳教士將此分為兩類,即簡易文理的和繁難文理的。在我看來,那不是一種令人滿意的分類。我想,正確的分類應該是這樣:簡單欠修辭的漢

第四章　中國語言

語；通行的漢語；高度優雅的漢語三類。如果你喜歡用拉丁文，那可稱為：一般或商用漢語；初級古典漢語；高級古典漢語。

現在很多外國人都稱他們自己為漢語專家學者。十三年之前，我在《字林西報》上寫了一篇關於中國學的文章，文章寫道：「那些在中國的歐洲人中，出版了一些省方言的一些對話或收集了一百條中文諺語之後，就立即給予這個人漢語學者的稱號。」我說，「當然，取一個名字到無關緊要，在條約的治外法權條款之下，一個英國人在中國可以不受懲罰地稱他自己為孔子，如果這令他高興的話。」現在我在這裡想說的是：那些自稱為漢語學者的外國人當中，有多少頭腦中意識到了我所講的高級古典漢語、那種用很優雅的語言所書寫的中國文學所蘊含的人類文明的寶貴財富？我說一種文明財富，是因為我相信這種漢語文學中的高級古典漢語具有改造功能，是一種如馬修‧阿諾德說荷馬的詩所具有的能「精練原始的自然人，即它們能改變他。」事實上，我相信中國文選中的高級古典漢語將在某日改變那些即使正在歐洲戰鬥的愛國者，這種原始自然人具有原始動物的戰鬥本能。它能將他們改變為和平的、溫和的和文明的民眾。正如羅斯金所言，現在文明的目標是將人類改變為文明民眾，袪除粗劣、暴力、殘忍和戰鬥。

言歸正傳，漢語書面語是一種很難的語言嗎？我的答案同樣也是：既是又不是。我說漢語書面語，甚至我已說過的

高級古典漢語不是很難的。因為與口語漢語一樣，它是極其簡單。請允許我隨意採用一種通用的範例，向你展示一下書面漢語，甚至是高級古典漢語是如何的簡單。我所採用的範本是一首四行詩，選自唐詩，這首詩描述的是為了保護文明不受北方野蠻的匈奴的侵犯，是什麼促使中國人必須做出犧牲。這首詩的中文如下：

誓掃匈奴不顧身

五千貂錦喪胡塵

可憐無定河邊骨

猶是春閨夢裡人

逐字逐句翻譯為英文大意為：

SWEAR SWEEP THE HUNS NOT CARE SELF.

FIVE THOUSAND EMBROIDERY SABLE PERISH DESERT DUST.

ALAS! WUTING RIVERSIDE BONES.

STILL ARE SPRING CHAMBERS DREAM INSIDE MEN!

自由一點的英文譯詩，也可以像如下的樣子：

THEY VOWED TO SWEEP THE HEATHEN HORDES
FROM OFF THEIR NATIVE SOIL OR DIE:

第四章　中國語言

FIVE THOUSAND TASELLED KNIGHTS SABLE-CLAD.

ALL DEAD NOW ON THE DESERT LIE.

ALAS THE WHITE BONES THAT BLEACH COLD

FAR OFF ALONG THE WUTING STREAM.

STILL COME AND GO AS LIVING MEN

HOME SOMEWHERE IN THE LOVED ONE'S DREAM.

現在，如果你把它跟我的可憐拙笨的英語版本相比，你將會看到原始的漢語版本在字句和形式上是多麼清晰，文意是多麼簡單。漢語原詩在字句、形式和概念上是多麼清晰和簡約，而且思想是多麼深邃，以及它是多麼飽含感情。

為了對這種中文文學作品——一種用極其簡單的語言表述深邃的思想和感情的作品——有一個大概的了解，你必須去讀希伯來人的《聖經》。希伯來人的《聖經》是世界文學中最為深奧的書之一，並且其語言很清晰和簡單。如我們來看看這段：「這個忠實的城邦怎麼成了一個妓女？那些高高在上的男人都是一些虛偽的叛徒和強盜的同夥；每個人都喜歡得到餽贈，並追求回報；他們一方面不審理來自孤兒的案件，同時也不理睬送呈給他們的寡婦案件。」來自同一先知之口的還有另外一段：「我打算讓小孩去做他們的高官，

用嬰兒統治他們，這樣人們就將受到他們的壓迫。小孩很傲慢地反對老人，用低微來對付高尚。」這是怎麼樣的一幅圖畫啊！一幅可怕的國家的圖畫。在這之前你看過這樣的圖景嗎？事實上，如果你想擁有一種改變人類、教化人類的文學，你必須進入希伯來人或希臘人的文學，或者是到中國文學中去找。但是希伯來語和希臘語現在已經成為一種廢棄了的語言了。而漢語仍是一種有生命力的語言，一種近四億人仍然依靠的語言。

現在我來總結一下關於中國語言我想說的東西。在某種意義上，口語與書面漢語一樣，是一種很難的語言。但這種困難不是根源於它的複雜性。拉丁文和法語等一些歐洲語言是很難學的，這是因為它們是複雜的，它們有許多規則。中文很難學不是因為它是很複雜，而在於它很深奧難懂。漢語是很難學的，因為這是一種用簡單的語句來表達深邃感情的語言。這就是中國語言很難學的祕密。實際上，如我在其他所言，漢語是一種心靈的語言，一種詩化語言。這就是為什麼中國古典文學中，即使是散文中一封簡單的信讀起來就像是一首詩。為了理解書面漢語，特別是我所說的高度優雅的漢語，你必須擁有豐富的天資：你的心靈和大腦，心靈與智力得到同等發展。

那些受過現代歐洲教育的人覺得漢語特別難學，其原因也在於此。這是因為，現代歐洲教育只注重發展人的天性的

第四章　中國語言

一部分,即他的智力。換言之,漢語對於一個受過現代歐洲教育的人來說之所以很難,其原因在於,漢語是很深奧的;然而,現代歐洲教育的目標更多地在於追求數量,而不是質量,如此很容易培養出一些淺薄之徒。而對於那些半受教育的人而言,即使是我說的漢語白話,他們也覺得是很難的。這些半受教育的人或許可以成為人們常言的富翁,但如果要他們理解高級古典漢語的話,那簡直比駱駝穿針還難,這其中的原因也在與此。這是因為,書面漢語僅僅是那些有教養的人所使用的。簡而言之,書面漢語難懂的原因在於它是一種真正受過教育的人使用的語言,然而,真正的教育則是一件很困難的事情。正如希臘諺語所言:「美好的東西總是很難的。」

然而,在我定論之前,讓我再舉一個書面漢語的例子,以此來說明我所言的簡單而質樸的感情,即使是在那種低階的古典漢語以及正式通用的漢語中,也可以隨處可見。這是一首現代詩人寫於除夕之夜的四行詩,漢語如下:

示內

莫道家貧卒歲難,
北風曾過幾番寒;
明年桃柳堂前樹,
還汝春光滿眼看。

這首詩，逐字逐句翻譯成英文，則是——

DON'T SAY HOME POOR PASS YEAR HARD.

NORTH WIND HAS BLOWN MANY TIMES COLD.

NEXT YEAR PEACH WILLOW HALL FRONT TREES.

PAY-BACK YOU SPRING LIGHT FULL EYES SEE.

如果自由一點，則可以譯為如下：

TO MY WIFE

FRET NOT THOUGH POOR WE YET CAN PASS THE YEAR;

LET THE NORTH WIND BLOW NE'ER SO CHILL AND DREAR.

NEXT YEAR WHEN PEACH AND WILLOW ARE IN BLOOM.

YOU'll YET SEE SPRING AND SUNLIGHT IN OUR HOME.

在此我可以列舉一個更悠久的作品。它是中國的華茲華斯、唐代詩人杜甫的一首詩。下文我首先給出我的英文翻譯，其內容為：

MEETING WITH AN OLD FRIEND

IN LIFE FRIENDS SELDOM ARE BROUGHT NEAR;

第四章　中國語言

LIKE STARS EACH ONE SHINES IN ITS SPHERE.

TO-NIGHT-OH！WHAT A HAPPY NIGHT!

WE SIT BENEATH THE SAME LAMPLIGHT.

OUR YOUTH AND STRENGTH LAST BUT A DAY.

YOU AND I-AH! OUR HAIRS ARE GREY.

FRIENDS! HALF ARE IN A BETTER LAND.

WITH TEARS WE GRASP EACH OTHER'S HAND.

TWENTY MORE YEARS-SHORT AFTER ALL.

I ONCE AGAIN ASCEND YOUR HALL.

WHEN WE MET YOU HAD NOT A WIFE;

NOW YOU HAVE CHILDREN-SUCH IS LIFE!

BEAMING THEY GREET THEIR FATHER'S CHUM;

THEY ASK ME FROM WHERE I HAVE COME.

BEFORE OUR SAY WE EACH HAVE SAID.

THE TABLE IS ALREADY LAID.

FRESH SALADS FROM THE GARDEN NEAR.

RICE MIXED WITH MILLET FRUGAL CHEER.

WHEN SHALL WE MEET?'TIS HARD TO KNOW.

AND SO LET THE WINE FREELY FLOW.

THIS WINE I KNOW WILL DO NO HARM.
MY OLD FRIEND'S WELCOME IS SO WARM.
TOMORROW I GO TO BE WHIRLED.
AGAIN INTO THE WIDE WIDE WORLD.

人生不相見，動如參與商。
今夕復何夕，共此燈燭光。
少壯能幾時？鬢髮各已蒼！
訪舊半為鬼，驚呼熱中腸。
焉知二十載，重上君子堂。
昔別君未婚，兒女忽成行。
怡然敬父執，問我來何方，
問答乃未已，兒女羅酒漿。
夜雨剪春韭，新炊間黃粱。
主稱會面難，一舉累十觴。
十觴亦不醉，感子故意長。
明日隔山岳，世事兩茫茫。

我承認，上述譯文幾乎是拙劣的，它僅僅譯出了漢語詩的大意而已。但是，這首詩中，它那如口語般簡潔的行文，卻帶著一種無法言說的優雅、高貴以及悲傷，所有這些我都無法用英語表達。或許，那是永遠做不到的。

第四章　中國語言

第五章
約翰・史密斯在中國

第五章　約翰・史密斯在中國

腓力斯人不僅忽視一切非自身的生活條件,而且還要求除它之外的其他人類都去適應他們的生活方式。

歌德

斯特德先生曾經問道:「瑪麗・科雷利受大眾歡迎的祕密何在?」他自己的回答為:「有什麼樣的作家,就有什麼樣的讀者。因為那些閱讀小說,沉醉於瑪麗・科雷利世界中的忠實信徒約翰・史密斯們,將她捧為這一領域的權威。他們生活於其中,活動於其中,並在其中體現其價值。」在英國,瑪麗・科雷利之於約翰・史密斯們,就如阿瑟・史密斯之於中國的約翰・史密斯們一樣。

但是,那些真正受過教育的人和半受教育的人們的差別也在於此。真正受過教育的人都想讀那些能告訴事物的真相的書,而半受教育之徒,他們寧肯讀那些告訴他想要什麼,以及受虛榮心的刺激,而想使事物成為什麼樣的書。中國的約翰・史密斯們都想成為凌駕於別人之上的優越者,但是阿瑟・史密斯則基於此,而寫了一本書,最終他證明他以及約翰・史密斯實際上比中國人優越得多。因此,阿瑟・史密斯自然成了約翰・史密斯很親近的人了,他那本《中國人的特性》因此而成了約翰・史密斯的聖經。

然而,斯特德說:「正是約翰・史密斯以及他的鄰居現在統治著大英帝國。」因此,最近我不厭其煩地閱讀那些給約翰・史密斯提供關於中國和中國人的觀念的書籍。

那個早餐桌上的獨裁者將人的心靈分為兩類，一類是算術型智慧，一類是代數型智慧。他闡述道：「所有的經濟和實際智慧，都是『2＋2＝4』這種數學公式的延伸或變化。而對於每個哲學陳述而言，則更多地具有『A＋B＝C』公式的一般特性。」現在我們來看，整個約翰·史密斯家族，自然是屬於獨裁者所稱的「算術型智慧」的心靈類型。約翰·史密斯的父親，老約翰·史密斯，化成假名約翰·布林，他將自己的前途與簡單的『2＋2＝4』公式連繫在一起，並來到中國出售他的曼徹斯特產品。為了賺錢的目的，他和中國人約翰相處很好。因為他和中國約翰，他們都明白並完全贊同『2＋2＝4』的公理。但是，如今統治大英帝國的小約翰·史密斯卻不一樣。他來到中國，但滿腦子都是他自己都不明白的『A＋B＝C』的東西，他也不再滿足於出售曼徹斯特產品，並且還想開化中國人。或如其所言，即「傳播盎格魯·撒克遜的理念」。結果是約翰·史密斯與中國人約翰關係破裂。並且進一步惡化的是，由於受約翰·史密斯的『A＋B＝C』的盎格魯·撒克遜的理念的影響，中國人約翰已不再是曼徹斯特產品誠實好主顧了。他們忽視商業，並跑到「張園」去慶祝立憲，事實上已變成了一群瘋狂的改良者。

不久前，我受辛博森《重塑遠東》和其他一些書籍的啟發，我試圖去編撰一本關於盎格魯·撒克遜的理念的手冊。結果是，迄今為止只是以下的一些東西：

第五章　約翰‧史密斯在中國

1. —— 人主要的目標是什麼？

    人最主要的目標是給大英帝國增光。

2. —— 你相信上帝嗎？

    是的，當我去教堂的時候。

3. —— 但你不在教堂時，你信仰什麼呢？

    我相信利益，什麼東西能給我帶來報酬。

4. —— 什麼是合理的信念？

    相信人人為己。

5. —— 工作的合理理由是什麼？

    把錢裝入你的腰包。

6. —— 何為天堂？

    天堂表示能入住百樂街，並且開著敞篷車。

7. —— 什麼是地獄？

    地獄意味著失敗。

8. —— 人類的完美狀態是什麼？

    赫德先生在中國海關工作。

9. —— 什麼是褻瀆神靈？

否認赫德先生是一個偉大的天才人物。

10. —— 什麼是最大的惡？

阻礙不列顛的貿易。

11. —— 上帝為什麼要創造四億中國人？

為了英國發展貿易。

12. —— 你是做什麼祈禱？

感謝主！我們與邪惡的俄國人和殘暴的德國人不一樣，他們想瓜分中國。

13. —— 在中國，誰是最偉大的盎格魯·撒克遜的理念傳播者？

莫理循博士，《泰晤士報》駐北京記者。

如果說以上是對盎格魯·撒克遜的理念的真實陳述，那可能有失偏頗。但是，任何人只要努力地閱讀一下辛博森的著作，他就不會否認以上內容的確是辛博森先生，以及讀過他的書的約翰·史密斯所傳播的盎格魯·撒克遜的觀念的公正陳述。

最奇怪的事是，這種約翰·史密斯的盎格魯·撒克遜觀念居然在中國產生了實際效果。受此觀念的影響，中國的那

第五章　約翰‧史密斯在中國

些約翰們便急不可待地想去實現中華帝國的光榮與輝煌。八股文的中國古老文學是一種空洞但無害之物。在外國朋友將會看到，在約翰‧史密斯的盎格魯‧撒克遜觀念的影響下喧嚷著建立的新式中國文學，將是一種無法忍受的和危險之物。最後，我恐怕老約翰‧史密斯將發現要完蛋的不僅僅是曼徹斯特產品，此外他還被迫花費另一筆開支，用以派遣一個戈登將軍或基齊勒勳爵去消滅他的老朋友中國人約翰，即那個因接受約翰‧史密斯的盎格魯‧撒克遜觀念的影響而成了精神錯亂的中國人。當然，這只是題外話。

於此，我想簡明說明的是，這就是理智的英國人。在我看來，那些只是從有關中國人的書中獲取亂七八糟的言論的外國人，當他們來到中國後，如果還能同他必須打交道的中國人和睦相處，那簡直是一大奇蹟。對此，我不妨從亞歷克西斯‧克勞斯題為《遠東：歷史及其問題》中舉一個典型例子，來加以說明。書中說道：

「影響在遠東的西方列強的所有問題的因素，在於如何鑑別東方精神的真正本質。東方人不僅看待問題的方式與西方人立場不同，而且他的整個思維和推理模式也與西方人存在差異。那種亞洲人所特有的知覺，與我們所賦予的知覺恰恰相反。」

在中國，一個英國人在讀完最後一句話後，如果他遵循邏輯混亂的克勞斯先生的忠告，則當他需要一張白紙時，他

就會對他的孩子說:「孩子,給我拿一張黑紙來。」我想,出於維護那些在中國的追求實際的外國人的名聲考慮,當他們來中國並與中國人生活在一起之時,應該拋開那些關於東方精神的真正本質的胡言亂語。事實上,我堅信那些與中國人相處很好的外國人,是那些堅持 2 + 2 = 4,而拋棄了約翰·史密斯和克勞斯先生關於那些關於東方本質和盎格魯·撒克遜觀念,即 A + B = C 這種理論的人。確實,當人們想起以前的日子,在阿瑟·史密斯撰寫《中國人的特性》之前,大英的公司老闆或經理,如查頓、馬地臣與中國買辦的關係是那樣親密無間,而且代代相傳。當人們對此記憶猶新的話,他就向問道,無論對於中國人還是外國人,在堅持 2 + 2 = 4 的西方商人和堅持關於 A + B = C 的東方本質理論、盎格魯·撒克遜觀念的聰明約翰·史密斯之間,究竟哪一種做法更好?

那麼,吉卜林那句著名的「東就是東,西就是西」,難道一點道理就沒有嗎?當然是有道理的。當你接觸 2 + 2 = 4 時,可以說基本上沒有什麼不一樣。只有當你面臨像 A + B = C 這類問題時,東西方之間才存在很大的差距。但是要真正解決東西方之間的 A + B = C 問題,一個人必須具備高等數學的功底。當今世界的不幸在於遠東 A + B = C 方程的解答,掌握在不僅統治大英帝國,而且與日本結盟的約翰·史密斯手中,但他甚至連基本的代數都不懂。東西方

第五章　約翰‧史密斯在中國

之間關於 A＋B＝C 方程的解答，其中存在許多未知數，因此是非常複雜困難的問題。在東方，孔子、康有為先生以及端方總督之間的理解不同，即使在西方，莎士比亞、歌德以及約翰‧史密斯之間的理解也存在區別。事實上，在你解答 A＋B＝C 方程之時，你將發現其實東方孔子與西方的莎士比亞、歌德之間的差別很小；反而在西方的理雅各博士與阿瑟‧史密斯之間存在很大的差別。為了說明這一點，請看我下面列舉的具體例子。

阿瑟‧史密斯牧師在談論中國歷史時說：

「中國的歷史很悠久，這不僅表現在他們試圖回到衣不蔽體的時代作為出發點，而且也體現在他們那無休止境的停滯和混亂。在他們內心中，不僅存在過去時代中那種很單調的生活，而且也包括像木頭、乾草和稻麥稈等那種流逝的東西。除了中國這個民族之外，再也沒有其他民族能形成這樣的歷史了；也只有中國人的記憶才能將這樣的記憶保存在他們寬厚的肚子裡了。」

接下來，讓我們來聽聽理雅格博士在這個問題上的論述吧。在談及中國 23 個正統的王朝歷史時，理雅格博士說：

「沒有其他民族的歷史能如此完整和貫通了，並且就整體性而言，它是值得信任的。」

在談及另一本偉大的中國文學選集時，理雅格博士說

道：「我原以為這本著作是不會出版的。但事實上，它在乾隆最後執政的第九年就編輯出版了，這是在兩廣總督阮元的督促和資助下（同時還有其他官員的資助）。如此大規模的出版品，這充分顯示了當時中國高官具有一種公益精神和對文學的追求。這一點值得思慮重重的外國人學習。」

以上我表達了下述意思。不僅在東西方存在很多不同，就是在西方的理雅格博士、那個能看出中國官員熱心文學的學者，和西方的阿瑟・史密斯牧師 —— 那個為中國的約翰・史密斯所愛慕的人之間，也是存在很多差異。

第五章　約翰‧史密斯在中國

第六章
一個大漢學家

第六章　一個大漢學家

「汝為君子儒，無為小人儒！」

《論語》

我最近翻閱了一下翟理斯博士所著的《翟山筆記》。在讀此書的過程中，我不禁又想起另一句話，那是英國駐華領事霍普金斯先生所說：「在中國居住的外國人，在談論起某某漢學家的時候，總是把他們當作傻瓜看待。」

翟理斯博士早已享受大漢學家的美譽。如果僅從其出版著作的數量來看，他不是浪得虛名。但是，我覺得現在是對其著作的內容和價值進行真正評估的時候了，而不能僅僅看其數量。

一方面，翟理斯博士與其他所有漢學家相比，具有特有的優勢，即他具有文學天賦，能寫出非常流利的英文。但在另一方面，翟理斯博士則缺少哲學洞察力，甚至有時候連普通常識都不懂。他能夠翻譯中文的詞句，卻又不能解釋和理解中國的思想。在這個方面，翟理斯博士具有與中國的文人一樣的特徵。孔子曾云：「文勝質則史」。

對於中國的文人而言，書記和文學作品只不過是他進行寫書所用的材料而已。他們生活、行走於書本世界，與現實的人生活的世界沒有什麼連繫。對於文人來說，著述立言不是實現目的的唯一手段。對於真正的學者，著述立言和文學研究只是他們解釋、批評、理解和認識人類生活的手段而已。

馬修‧阿諾德曾言：「只有透過理解全部的文學——人類精神的整體歷史，或者把一部偉大的文學作品當作一個有機整體來理解時，文學的力量才能顯現出來。」但是翟理斯博士著作中，沒有一句話能表明他曾經或試圖把中國文學當作一個整體來理解。

正是由於哲學洞察力的匱乏，導致翟理斯博士在他的書中，在組織材料方面顯得那樣的無助。讓我們來看看他的那本大字典，它根本一點都不像一本字典，僅僅是一本漢語詞句的大雜燴。書中他的翻譯，沒有任何選擇與組織的標準，以及順序與方法。作為一本為學者而著的字典，他的這本字典肯定是不如衛三畏博士所編的舊字典。

必須承認的是，翟理斯博士那本《中國名人譜》，的確是一本花費了巨大心血的著作。但是在這裡，它同樣顯示出作者對普通的判斷力的缺失。在這樣一本書中，人們總是希望能找到即使是真正名人的一些注解。

這裡有一些為國家戰鬥而受傷的人，

還有一些在世時為聖潔的祭司，

當中，有的是虔誠的詩人，曾吟唱出

不遜色於費布斯的詩句，

有的則是具有創造精神的藝術家，

他們讓人民的生活變成多姿多彩，

第六章 一個大漢學家

還有一些人也留下了讓人懷念的業績。

我們發現,在他的這部「名人譜」中,他將古代的聖賢與神話中的人物混雜在一起。在他看來,陳季同將軍,辜鴻銘先生,張之洞總督和劉布船長之間,他們僅有的差別為:後者習慣以無數的香檳來款待外國人。

最後,翟理斯博士最近出版的這些「筆記」,我謹慎地認為,它是不會提高翟理斯博士作為一個有判斷力和辨別力的學者的聲譽的。裡面所選的絕大部分主題,都是沒有實際或人道意義。這給人造成一種印象,即好像是翟理斯博士不厭其煩地寫書,不是想告訴關於中國人和中國文學的任何東西,而只是向世人展示一下翟理斯博士比其他任何人更為了解和理解中國。而且,與別的場合中一樣,翟理斯博士在這裡也同樣表現出一種缺乏哲學思維,不符合一個學者的、讓人感到不高興的武斷。正是因為翟理斯博士之流的漢學家的這些特點,就如霍普金斯先生所言,那些實際上遠居遠東之外的外國人,留下了名不副實的笑柄,並被人恥笑為傻瓜。

我將選取翟理斯博士最近出版的兩篇文章,以此試圖說明迄今為止,如果外國學者關於中國學問和中國文學的著述都缺乏人道或實際的意義,那麼這種錯誤是否在於中國學問和中國文學本身。

第一篇文章的名字叫〈何為孝〉。這篇文章的觀點主要集中於兩個中國漢字的理解。孔子的一個弟子問他「何為

孝？」，孔子答曰：「色難。」

翟理斯博士說：「問題是，兩千多年過去了，到底這兩個漢字是什麼意思呢？」在引證和排除了國內外相關學者的解釋和翻譯之後，翟理斯博士自然而然地找了它的真正含義。為了讓大家看清翟理斯博士那與眾不同的粗率與武斷態度，我將引證他宣布他的發現的言辭。他說道：

「在上述敘述之後，就宣布它的意思就在表面上，這恐怕有點武斷。但是，你必須所做的，就如這首詩所言：

彎腰時，它在那裡，

但要拾起時，卻悄無蹤影。

「當子夏問孔子『何為孝』時，孔子簡單回答：『色難』，色是描述它，即描述它是很困難的。好一個聰明且合適的回答。」

在此，我不想運用精確的中國語法來指出翟理斯博士的錯誤之處。我只想說的是，如果翟理斯博士把那漢字設想成動詞的話，則在文筆順暢的中文裡，這句話將不是讀成「色難」，而是「色之維難」。如果這裡「色」字是作為動詞，那非人稱代詞「之」是必不可少了。

就算是不談語法的精確，翟理斯博士所翻譯的孔子的回答，如果連繫整個上下文來看，也是根本沒有把握住它的實質要點的。

第六章　一個大漢學家

　　子夏問:「何為孝？」孔子答曰:「色難。(其困難是方式)有事,弟子服其勞,有酒食,先生饌,曾是以為孝乎？（當有事需要做的時候,年輕人應該努力去做,而有酒食之時,應先讓長者享用。—— 你真的是認為這就是孝嗎？）好,上述全部觀點已陳列於此 —— 重要的不是你應對你父母盡什麼義務,而在於你以什麼方式,以何種精神面目去履行這種義務。

　　在此我想說明的是,翟理斯博士錯誤地認為只是在名義上履行道德義務,然而,孔子的道德教義的偉大與真正有效之處卻恰恰在於此。事實上,孔子所主張的不是在於做什麼,而在於如何去做。這二者的區別,也就是所謂的倫理道德和宗教之間的區別,也即僅僅作為道德家的準則與偉大的真正的宗教導師的教義之間的區別。道德家告訴你的是,什麼行為是道德的而什麼行為又是非道德的。但是,對於真正的宗教導師而言,他卻不僅僅告訴你這些。作為真正的宗教導師,他不光要教誨人們如何去行事,而且更注重行為的內在部分,即注重行為的態度。真正的宗教導師告訴我們區分道德的與不道德的行為,這並不是在於我們做什麼,而在於我們以何種方式去做。

　　這就是馬修·阿諾德在他的教學中所說的基督的方法。當一個可憐的寡婦給他一個八分之一的小硬幣時,基督提醒他的門徒的不是她給了什麼,而是她以什麼方式給。道德家

們說:「不許通姦」,但是基督說:「我想說的是,無論誰,當他滿腦子慾望去偷窺一個婦女時,事實上已構成了強姦罪。」

同理,孔子時代的道德家認為這才是孝,即兒女們必須為父母砍材挑水,將家裡最好的事物留給父母。但孔子不以為然:「不,那不是孝。」真正的孝並不僅體現在履行對父母的義務,更體現在以什麼方式、態度,以及精神狀態去完成這些義務。孔子說,什麼是難的?用什麼方式和態度去履行才是最難的(色難)。我將最後說的是,孔子之所以成為一個偉大的宗教導師,而不是如一些基督傳教士所言,只是一個道德家,這是透過教義中的這種力量,將人的道德行為看作是內在的力量。

我將以目前中國正在進行的改革,作為對孔子教法的進一步解釋。那些受外國報紙肯定的進步官員,他們正忙得不亦樂乎。他們甚至想去歐美,試圖從彼岸尋找一些中國應採取什麼改革的良藥。但是非常不幸,不是這些進步官員推動的改革,而是改革如何被推行將拯救中國。非常遺憾的是,我無法組織這些進步官員到歐美去研究憲法,也沒法迫使他們呆在家裡好好研究一下孔子。在中國,要防止目前的改革運動導致混亂、災難與痛苦,就必須讓當下這些官員真正領會孔子的教法,並且注意如何取代這種改革的東西。

第六章　一個大漢學家

我將簡要審視翟理斯博士《翟山筆記》中的另一篇論文是：〈四個階層〉。

在一次招待會上，日本人末松男爵說，日本人將他們的國民分為四個階層——士、農、工、商。翟理斯博士對此說：「將士翻譯成士兵，這是不對的，那是後來的意思。」翟理斯博士進一步說，「『士』最早使用的含義是指相對於警察而言的百姓。」

但是，事實恰恰與此相反。「士」字最早的用法，是指古代中國的紳士，正如現在歐洲那些穿著制服的——佩劍貴族一樣。從那之後，軍隊裡的官兵就被稱為士卒。

古代中國的平民官僚階級，都被稱為「史」。平民官僚階級的崛起，成為統治者，是在中國的封建制度被廢除的時候（西元前 2 世紀），此後打仗已不是士人的唯一職業了。從此，平民官僚階級形成了與原先那種佩劍貴族不同的穿袍貴族。

武昌總督張之洞閣下曾求問於我，說外國領事屬於文職，但為何穿制服時要佩劍。我回答道：因為他們是「士」。他們與中國古代那種平民官僚即吏不同，而是那種服役的士大夫，或者說是武士。總督閣下接受了我的說法，並於次日令武昌學堂的所有學生都換穿軍服。

由此，翟理斯博士提出中國的「士」到底是指平民還是

指武士的問題在今天仍然具有重大的現實意義。因為未來中國到底是獨立自主，還是受人管制，都取決於中國是否擁有強大且訓練有素的軍隊，也取決於中國那些開明的統治階級是否永遠回歸到「士」字的古代含義上去，即不做文者，而是肩負武器，能夠保衛自己的祖國不受外敵入侵的武士。

第六章　一個大漢學家

第七章
中國學

第七章 中國學

中國學（一）

不久前，為了趕時髦，一個傳教士在他的一些文章的封面自稱為「宿儒」，這導致了很多笑話。毫無疑問，這個想法當然是相當荒謬的。在整個中華帝國，可以肯定地說，還無一人還大聲宣稱他自己是宿儒。「宿」字在中國的意思為一個文人學者所能達到的最高境地。但是，我們常常聽到，一個歐洲人被稱為是一個中國學家。在《中國評論》的廣告裡說，「在傳教士中間，高深的中國學正在艱辛地耕耘。」接著，它就羅列了一堆撰稿者的姓名，並說我們相信這些學者的所有研究都是可信與可靠的。

現在，如果試圖了解所謂的在華傳教士辛勤耕耘的高深學問的高深程度，我們沒有必要把德國人費希特在〈文人〉演講中，或者美國人愛默生在《文學倫理學》中所提出的高標準來衡量。前美國駐德公使泰勒先生被公認為大德國學家。事實上，他也僅僅是一個讀過幾本席勒劇本，在雜誌上發表過翻譯海涅詩歌的英國人而言。在他的社交圈內，他被捧為德國學家，但他自己決然不會在印刷品中公然自稱。那些在中國的歐洲人中，出版了一些省方言的一些對話或收集了一百條中文諺語之後，就立即給予這個人漢語學者的稱號。當然，取一個名字到無關緊要，在條約的治外法權條款之下，一個英國人在中國可以不受懲罰地稱他自己為孔子，

如果這令他高興的話。

　　因為一些人認為中國學已超越了早期開拓時期，馬上要進入一個新的階段了，所以我們被引導來考慮這個問題。在新的階段，中國研究者將不僅僅滿足於字典編撰或這種簡單工作，他們想寫作專著，翻譯中國民族文學中最完美的作品。他們不僅非常理智與論據充分去評判它們，而且決定中國文學殿堂那些最受推崇的名字。接下來，我將進行以下幾個方面的考察。第一，考察一下歷經上述變化的歐洲人，考察他們具備什麼程度的中國知識；第二，以往的中國學家做了那些工作；第三，考察現今中國學的實際情況；最後，指出什麼樣的中國學應是我們的發展方向。俗話說，一個站在巨人肩膀上的侏儒，很容易把自己想像得比巨人更偉大。但是，必須承認的是，侏儒擁有位置上的優勢，必將具有更加寬廣的視野。因此，我們將站在我們的先人的肩膀上，對中國學的過去、現在與未來做一番審查。如果我們在這個過程中提出了與前人不一樣的意見，我們希望不要被認為是炫耀。我們認為自己僅僅是利用了自身所處位置的優勢。

　　首先，我們認為歐洲人的中國知識已發生變化，這表明學習一門語言知識的難點已被克服。翟理斯博士說：「以前人們普遍認為會說一門語言，特別是漢語中的方言是很難的。這種歷史很早就在其他的歷史小說中有所表述了。」確實，即使是對於書面語言也是如此。一個英國領事館的學

第七章　中國學

生,在北京住兩年、在領事館工作一兩年後,就能看懂一封普通電報的大意了。所以說,我們很高興地認為,如今在中國的外國人,他們的中國知識已發生了相當程度的改變。但是,我們對超過這個界限的誇大其詞,則感到非常懷疑。

在早期耶穌會傳教士之後,馬禮遜博士那本著名字典的出版,被公認為所有已完成的中國學研究的新起點。無疑,那部著作留下了一座早期新教傳教士的認真、熱心和盡責從事的紀念碑。繼馬禮遜博士之後的一批學者中,當以德庇時爵士、郭士臘博士等為代表。德庇時爵士對中國一無所知,他自己也供認不諱。他肯定講官話,並能夠不太費力地閱讀那種方言的小說。但他所擁有的那點知識,恐怕在今天只能勝任一個領事館中的洋員職務。然而,值得注意的是,直到今天大多數英國人關於中國知識,是來源於德庇時爵士的書本。郭士臘博士或許比德庇時爵士更為了解中國多點。但是,他卻不打算做進一步了解。已故的湯瑪斯·麥多士先生在後來揭露郭士臘的自負方面做了不錯的工作。以及另外這種傳教士如古伯察和杜赫德。在這之後,我們很奇怪地發現了蒲爾傑先生。在他的新著《中國歷史》中,他把上述人物引證為權威。

歐洲所有大學中最先獲得漢學講座教授是法國的雷慕沙。我們現在還無法對他的工作進行恰當的評價。但是他有一本引人注目的書,它是法譯中文小說《雙堂妹》。這本書經

利·亨德讀過後,他推薦給了卡萊爾,再由卡萊爾傳給了約翰·史特林。這些人讀過此書之後,很高興並說書一定是出自一個天才之手,「一個天才的龍的傳人」。這本書的中文名叫《玉嬌梨》,是一本讀起來令人愉悅的書。但是它在中國文學中只是一個次品的代表,即使在次品中也沒多高的位置。不過,令人感到高興的是,來源於中國人的大腦的思想和想像,事實上已經透過了卡萊爾和利·亨德的心靈的驗證。

在雷慕沙之後的漢學家有儒蓮和波迪埃。德國詩人海涅曾言,儒蓮做出了一個驚奇的和重要的發現,即蒙斯·波茨爾對漢語一竅不通,並且後者也有一個發現,即儒蓮根本就不懂梵語。然而,這些著作者的開拓性工作是相當大的。他們所擁有的一個優勢是他們完全精通於本國語言。另一個可能要提及的法國作家是德里文,他做了前無古人的工作,即他的唐詩譯作是開始進入中國文學的一個突破。

在德國,慕尼黑的帕拉特出版了一本關於中國的書,他取的書名為《滿族》。像所有其他德國的著作一樣,這是一本無可挑剔的書。書的明顯意圖是要描繪出中國滿族王朝起源的歷史。但是,這本書的後面部分涉及到一些與中國問題的資訊,據我們所知,這是用歐洲文字書寫的其他書中找不到的。就如衛三畏博士的那本《中國總論》,跟《滿族》相比,也只是小人書而已。另外一個德國漢學家是施特勞斯,他是普魯士吞併的小德意志公國的前大臣。這個老臣在離

第七章　中國學

任之後以研究漢學為樂。他出版了一本《老子》的譯著，並且最近出版了一本《詩經》的譯著。據廣東的花之安先生評價，他的《老子》譯本中的一些部分還是不錯的。他翻譯的首領頌也是流傳廣泛，評價不錯。不幸的是，我們無法獲取這些書。

上述所提及的學者都被認為是早期的漢學家，始於馬禮遜博士的字典的出版。第二階段始於兩本權威的著作：一本是威妥瑪爵士的《自邇集》；其次就是理雅格博士的《中國經典》翻譯。

對於前者，那些中國知識已經超越講官話階段的西方人可能會對它不屑一顧。儘管如此，它還是所有已經出版的關於中國語言的書籍中，在力所能及的範圍內做得最完美的大作。而且，這本書也是順應時代呼喚的產物。像這種書必須寫出來，瞧！它已被寫出來了，在某種意義上說，它已經將現代與未來競爭的機會全部奪走了。

那些必須做的中國經典的翻譯，也是時代的必然。理雅格博士已經完工了，其結果是一打嚇人的卷冊。無論品質如何，單從工作的量來說確實是巨大的。在這些浩繁的譯著面前，我們談論起來都有點害怕。不過坦白地說，這些譯著並不能讓我們滿意。巴爾福先生公正地評價道：翻譯這些經典大量依靠的是譯者所生造的專業術語。現在我們感覺到理雅格博士所運用的術語是粗糙、拙劣、不充分的，並且在某些

地方幾乎是不符合語言習慣。這僅僅就形式而言。對於內容，我們不敢冒昧提出意見，還是讓廣東的花之安牧師來代言。他說：「理雅格博士關於孟子的注解，表明了他缺乏對作者的哲學理解。」我們可以肯定，如果理雅格博士沒有實現在其頭腦中對孔子及其教義有一個完整的理解和把握，那麼他是很難閱讀和翻譯這些作品的。尤其特別的是，無論在他的注解中，還是在他的專題研究中，都不讓一個片語與句子漏掉，以此表明他以哲學整體來把握孔子教義。因此，總而言之，理雅格博士對於這些作品的價值判斷，無論如何都不能作為最後的定論加以接受。並且中國經典的譯者將不斷更替。自從上述兩本著作面世後，又出現了許多有關中國的著作。其中的確有幾部具有重要的學術意義。但是還沒有一部我們覺得已經表明中國學已出現一個重要的轉折。

首先是偉列亞力先生的《中國文學札記》。然而，它僅僅是一個目錄，並且根本不是一本具有文學氣質的書。另一本是已故梅輝立先生的《漢語指南》。當然，它並不能被認為是很完善的東西。儘管如此，它確實是一部偉大的作品，是所有關於中國的作品中最嚴謹和認真的了。而且，它的實際效用也是僅次於威妥瑪的《自邇集》。

另一個需要注意的中國學家是英國領事館的翟理斯先生。與其他早期法國漢學家一樣，翟理斯先生擁有令人羨慕的清晰、有力和優美的文風優勢。他所接觸的每個問題，都

第七章　中國學

立刻變成清晰和易懂。但是也存在一兩個例外。他在選擇與其筆相值的題目時並不是很幸運。一個例外是《聊齋志異》的翻譯。這一翻譯應當看作是中譯英的典範。但是，儘管《聊齋志異》是很優美的作品，並不是屬於中國文學的一流之作。

緊接著理雅格博士工作之後，巴爾福先生最近關於莊子《南華經》的翻譯，的確是抱負最高的作品。坦白地說，當我們第一次聽到這個宣告時，我們的期待與高興的程度，猶如一個英國人進入翰林院的宣告。《南華經》被公認為中國民族文學中最為完美的作品之一。自從西元前二世紀該書誕生以來，這本書對中國文學的影響幾乎不亞於儒家及其學說。它對歷朝歷代的詩歌、浪漫主義文學產生了主導性的影響，這如同四書五經對中國哲學作品的影響一樣。但是，巴爾福先生的著作根本不是翻譯，說白一點，就是瞎譯。我們承認，對於我們而言，給予巴爾福先生付出這麼多年艱辛勞動的作品這樣的評價，我們也感到很沉重。但是我們已經對它冒言，並希望我們能夠做出更好的評價。我們相信，假如我們提出莊子哲學的準備解釋的問題，那麼巴爾福先生很難會來參加我們的討論。我們引用最新的《南華經》中文文字編輯林希沖在前言中的話：「但是，閱讀一本書時，必須弄明白每一個字的意思；這樣你才能分析句子；在弄明白句子的結構之後，你才能理解文章的段落安排；如此，最後你就能抓住整個章節的中心思想了。」如今，巴爾福先生翻譯的

每一頁都留下了硬傷，表明他既沒有明白每一個單字的含義，如此也沒有正確分析句子的結構，並且沒有準備地了解段落安排。如果以上我們所假設的陳述能夠證實的話，正如他們也很難以被證實，則只要看看語法規則，就能非常清楚地知道巴爾福先生未能把握好整篇作品的中心思想了。

但是，當今所有的中國學家都傾向於把廣東的安之花牧師擺在第一位。儘管我們並不認為安之花先生的工作比其他人的作品更具有學術價值或文學價值，但是我們發現，他的每一個句子都展示了他對文學和哲學原則的把握，而在當今的其他學者當中則是不多見。至於我們以為的這些原則是什麼呢？這就應該留本篇的下一部分再談論了。到時候，我們希望能夠闡明中國學的方法、目的和對象。

中國學（二）

花之安先生曾言，中國人不懂得任何科學研究的系統方法。然而，在中國的一部經典著作《大學》裡，這部著作被大部分外國學者看作是一部「陳詞濫調」，提出了學者進行系統研究應遵循的系列程序。研究中國的學生或許再也沒有比遵循這部著作的課程所能做得更好了。這種課程就是，首先從個體的研究開始，接著從個體進入家庭，然後再從家庭進入政府。

因此，首先對於一個研究中國的人來說，必不可少的一

第七章　中國學

步是理解中國個人行為原則方面最基本的知識。其次，他還必須審視一下，在中國人複雜的社會關係和家庭生活中，這些原則是如何得到運用和貫徹。第三，完成以上工作之後，他才能將國家的行政和管理制度作為他的注意對象和研究方向。當然，正如我們所指出的，這個研究程式只是能大致得到貫徹。如果要徹底地貫徹它，那就需要耗費學者幾乎是一生的精力，鍥而不捨地去追求。但是，毫無疑問，一個人只有非常熟悉上述這些原則後，他才能有資格稱得上是中國學家或者自認為有很深的學問。德國詩人歌德曾說：「正如同在自然的造化中一樣，在人的作品中，意願才是真正值得注意和超越一切之上的東西。」研究民族性格，最重要的和最值得注意的也是這個方面。這就是，不僅要注意一個民族的活動和實踐，也要關注他們的觀念和理論。必須弄明白他們是如何區分好與壞的東西，以及這個民族以何種標準劃分正義和非正義。他們如何區分美與醜，智慧與愚笨等。這也就是說，那些研究中國的人應該考察個人行為準則。換句話說，我們要表達的是，研究中國，你必須懂得中國人的民族理念。如果有人提問：如何才能做到這一點呢？我們的回答是，去研究這個民族的文學，從中透視出他們最美好的民族特性，同時也能看出他們最壞的性格一面。因此，中國人權威的民族文學，應該是吸引那些研究中國的人的注意對象之一。這種預備的研究是必需的，無論是作為一種研究必經的

過程，還是作為達到目標的手段。接下來，讓我們來看如何研究中國文學吧。

一個德國作家曾言：「歐洲文明的基礎是希臘、羅馬和巴勒斯坦文明，印度人、歐洲人和波斯人都屬於雅利安人種，因此從種族上說，他們是親戚關係。中世紀，歐洲文明的發展受到同阿拉伯人交往的影響。甚至直到今天，這種影響仍然存在。」但中國文明的起源、發展，以及存在的基礎，同歐洲文化是沒有任何關係的。所以，對於研究中國的外國人來說，要克服因不了解中國的基本觀念和概念群所帶來的不便。這些外國人有必要運用與自己民族不同的中國民族觀念和概念，而且應在自己的語言中找到對應物。如果缺少這些對應物，就應該分解它們，以便將他們歸入普遍人性當中去。例如，「仁」、「義」和「禮」，在中國的經典中不斷出現，英文一般翻譯為「BENEVOLENCE」，「JUSTICE」，和「PROPRIETY」。但是，如果我們仔細推敲這些詞語的內涵，那麼就會發現這種翻譯不是很合適。英文的對應詞並不能囊括漢字的全部含義。此外，「HUMANITY」一詞可能是被翻譯為「BENEVOLENCE」的中文「仁」字最恰當的英文翻譯。但這時的「HUMANITY」，應該從不同於英語習慣用法中的意義理解。冒險的譯者，可能會用《聖經》中的「LOVE」和「RIGHTEOUSNESS」來翻譯「仁」。可能這一翻譯比別的任何認為表達了詞的含義，同時也符合語言習慣的

第七章　中國學

翻譯更好些。然而，現在如果我們把這些詞所傳達的理念分解為普遍的人性的話，我們就會得到他們的全部含義，即「善」，「真」和「美」。

此外，研究一個民族的文學，一定要把它作為一個有機的整體去研究，而不能像目前絕大部分外國學者那樣，把整體分割，毫無計畫與程式進行研究。馬修·阿諾德先生曾言：「無論是人類完整的精神歷史，即全部文學，還是僅僅一部偉大的文學作品，要將文學的真正力量體現出來，就必須把它們作為一個有機的統一整體來進行研究。」但是，目前我們所看到的研究中國的外國人中，幾乎沒有什麼人將中國文學作為一個整體來進行研究！正因為如此，他們很少認識其價值和意義，事實上幾乎沒有人真正是行家。那種理解中國民族性格力量的手段也微乎其微！除理雅格等少數學者外，歐洲人主要透過翻譯一些不是最好的、最平常的小說，來了解中國文學。這就比一個外國人評價英國文學時，依靠的是布勞頓女士的著作，或者是小孩與保母閱讀的小說一樣可笑。在威妥瑪爵士瘋狂指責中國人「智力匱乏」之時，毫無疑問他的頭腦中肯定是裝著中國文學的這些東西。

另一種批評中國文學的奇特評論是，認為中國文學是極其不道德的。這事實上是指中國人不道德，與此同時，絕大多數外國人也異口同聲地說中國是一個不講信用的民族。但事實並非如此。除前述那些很一般的翻譯小說之外，之前研

究中國的外國人的翻譯，都是把儒家經典作品排除在外。除道德之外，這些儒家經典作品中當然還包括其他的東西。基於尊重巴弗爾先生的考慮，我們認為這些作品中的「令人敬佩的教義」，並非是他所評論的「功利和世故」。在此，我僅舉兩句話，來向巴弗爾先生請教它們是否真的是「功利和世故」。孔子在回答一位大臣時說：「罪獲於天，無所禱也。」另，孟子云：「生，我所欲也；義，我所欲也，二者不可兼得，捨生而取義者也。」

我們認為很有必要將話題扯遠點，以示對巴弗爾先生的評論的抗議。因為我們認為，在中國，那種如「上古的奴隸」、「詭辯的老手」等尖酸的詞語，從不用來評論一部哲學著作，更不用說用來評判那些聖賢了。巴弗爾先生可能被他對「南華」先知的敬仰引入了歧途。而且，他期望道教應優越於其他傳統的學派，所以他在表達上誤入歧途。我們確信，他的那些沉著的評判應受到聲討。

讓我們言歸正傳。我們已經說過，必須將中國文學看作一個整體而加以研究。而且，我們已經指出，歐洲人習慣於僅僅從與孔子名字有連繫的那些作品，來形成他們的判斷。但實際上，孔子的工作僅僅意味著中國文學剛剛起步，自那以後，又歷經18朝、兩千多年的發展。孔子時代，對於寫作的文學形式的理解還不是很完善。

在此，讓我們來談談，在文學研究中必須注意的重要一

第七章 中國學

點,這一點已被迄今為止的中國學研究者忽視了,即文學作品的形式。詩人華茲華斯說:「可以肯定,內容是很重要,但內容總要以形式表現出來。」的確如此,那些與孔子的名義相關的文學作品,就形式而言,並未偽稱其已經達到完美的程度。他們被公認為經典或權威作品,在於它們所蘊含的內容價值,而非因它們文體優美或文學形式的完美。宋朝人蘇東坡的父親曾評論道,散文體的最早形式可以追溯到孟子的對話。不過,包括散文和詩歌在內的中國文學作品,自那以後已發展出多種問題和風格。比如,西漢的文章不同於宋代的散文,這跟培根的散文與愛迪生、歌德米斯的散文之間的區別如出一轍。六朝詩歌中,那種粗野的誇張和粗糙的措辭同唐詩的純潔、活力和出色完全不一樣,這就如濟慈早期詩歌的粗暴與不成熟,不同於丁尼生詩歌的剛健、清晰與色彩適當一樣。

如前所述,一個研究人員只有用人民的基本原則與理念武裝自己,才能將自己的研究目標設定為這個民族的社會關係。之後,再觀察這些原則是如何被運用和執行的。但是,社會制度、民族的禮儀風俗並非像蘑菇一樣在一夜生成,它們是經過若干世紀的發展才成今日之狀。因此,研究這個民族的人民的歷史是必需的。然而,現今歐洲學者對於中華民族的歷史仍然一無所知。蒲爾傑博士的新著所謂《中國歷史》,或許是將中國那樣的文明人書寫出來的最差的歷史了。這樣一種歷史,如果是寫衛門的西南非洲霍屯督人,

那還或許可以容忍。這種中國歷史的著作出版的事實，也只能表明歐洲人的中國知識是多麼的不完善。因此，如果對中國歷史都不了解，那接下來對中國社會制度的評判又如何可能正確呢？基於這種知識基礎之上的作品，如衛三畏博士的《中國總論》等其他關於中國的書，它們不僅對學者毫無價值，而且還會誤導大眾讀者。以民族的社會禮儀為例。中國無疑是一個禮儀之邦，並且將之歸因於儒家的教化也無過。現在，巴爾福先生可以盡情地談論禮儀生活中虛偽的慣例。然而，即使是翟理斯先生所稱的「外在禮節中的鞠躬作揖」，也是深深植根於人性之中，即我們所定義的美感的人性方面。孔子的一個弟子曾言：「禮之用，和為貴，先王之道斯為美。」在經書別處又說：「禮者，敬也。」現在我們看到，很明顯，對一個民族的禮儀與風俗的評價，應建立在對該民族的道德原則知識之上。此外，我們研究一個國家的政府與政治制度，即我們所說的研究者最後研究的工作，也應建立在對他們哲學原則和歷史知識的理解基礎之上。

最後，我們將引用《大學》，或外國人所稱的「陳詞濫調」中的一段文字來結束全文。書中說：「古之欲明明德於天下者，先治其國；欲治其國者，先齊其家；欲齊其家者，先修其身。」此為本文所表達的中國學的含義。

這篇關於漢學的文章，書寫並發表在1884年上海的《字林西報》上。

第七章 中國學

第八章
暴民崇拜教
或戰爭及其出路

第八章　暴民崇拜教或戰爭及其出路

　　法蘭西的不幸實在是太可怕了,「在上者」該好好反省一下;

　　但更加緊要的是,「在下者」應認真考慮它。

　　如果「在上者」被推翻,那誰來保護保護互相爭鬥的「在下者」,「在下者」已成為「在下者」的暴君。

歌德

　　劍橋大學的羅斯‧狄金森在他的一篇題為〈戰爭及其出路〉的文章中,意味深長地說:「只有當英格蘭、德國以及其他國家的普通男女、工人用他們的雙手和智慧,向曾經且再三把他們帶入到災難之中的統治者呼籲:『別再戰了!別再戰了!你們這些統治者、軍人和外交官們,你們徹頭徹尾地將歷史帶入痛苦之中,你們掌握著人類的命運,但將人類帶入了地獄!我們要徹底與你們決裂。你們隨意壓榨我們的每一滴血汗。再也不能這樣了。你們帶來的不是和平,而是戰爭。歐洲必須從戰爭中走出來,這歐洲是我們的歐洲。』只有這樣,歐洲才有希望(他指歐洲的文明)。」

　　這是現代歐洲的一個社會學家的夢想。但是,這種夢想恐怕是永遠無法實現。我堅信,當歐洲各國的人民把他們的統治者、軍人和外交官們趕下臺,正要親手處理與其他國家的戰爭與和平問題之時,在這些問題處理之前,恐怕是每個國家都處於戰亂紛爭的處境之中了。讓我們來看看大不列顛

的愛爾蘭事件吧。愛爾蘭的平民百姓，在試圖自己決定和戰問題，甚至爭取自決的問題上，便發生了勢不兩立的尖銳衝突。如果這個時候，不是由於這場更大戰爭的來臨，他們將繼續自相殘殺。

現在，為了給這場戰爭尋找一條出路，我們必須首先找到這場戰爭的起源與緣由，並明確誰應該對這場戰爭負責任。狄金森教授試圖讓我們相信，正是那些統治者、軍人和外交官們把平民百姓帶入了災難之中，帶入了戰爭的地獄。但是我認為，我能證明並不是那些統治者、軍人和外交官們把平民百姓帶入戰爭之中，而恰恰是那些平民百姓，驅使和推動那些可憐無助的統治者、軍人和歐洲的外交官們走向了戰爭的深淵。

首先，讓我們來看看那些實際的統治者——現代歐洲的皇帝、國王和共和國總統們。目前不爭的事實是，大概除了德皇外，其他國家的實際統治者都沒有說什麼挑起戰爭的話。事實上，現代歐洲的皇帝、國王和共和國總統們的言行受到《自由大憲章》的制約——這些實際統治者在國內，無論是政府還是公共事物都沒有發表什麼言論。那個可憐的大不列顛國王喬治，為了防止愛爾蘭事件發展為國內戰爭時，他試圖發表一番言論，但大英帝國的全體平民百姓都叫他閉嘴。而他居然透過首相向平民百姓道歉，表明他只是盡一個國王防止戰爭的義務。事實上，當今歐洲的統治者只不過是

第八章　暴民崇拜教或戰爭及其出路

　　一些被供奉起來的尊貴偶像，他們只不過是些掌管大印、並給政府公文簽字。因此，就他們的國家政府而言，他們只不過是一些裝飾性的人物，並沒有他們自己的意志。我們怎麼能說這些統治者應對戰爭負責呢？

　　接下來，我們來看看那些被狄金森教授以及每個人都譴責應負戰爭罪責的軍人們。羅斯金在屋爾威茲向軍官預備隊講演時說：「現代制度的致命弱點在於它奪走了民族最好的血液和力量，奪走了所有的骨髓，即勇敢、不計回報、不怕艱難和忠誠，而把民族變成了沉默和怯弱的鋼鐵，成了一把純粹的刺刀。另一方面，卻有保留了最糟糕的成分，如怯弱、貪婪、淫蕩和背叛，將這些奉為權威並優先使用。然而，其中卻無一絲思想能力。」羅斯金繼續向英國士兵說道：「保衛英格蘭的誓言的實現，並不意味著你一成不變地執行這一制度。如果你只是站在店門之外，而保護裡面騙錢的購物小孩，那不是一個真正的士兵。」現在我想，那些譴責軍國主義和普魯士軍國主義的英國人，包括那些真正的英國士兵在內，都應該好好閱讀和思考一下羅斯金所說的話。但是這裡我想說的是，上述羅斯金所說的話中可以明顯得出：不管是在政府還是國家事務的操作上，如果歐洲的統治者都沒有發言權，那麼那些軍人就絕對沒有說話的權力了。羅斯金在巴拉科拉維的演講中，談及了這場戰爭中真正的可憐士兵：「他們不知道為什麼，但只有去送命。」事實上，

今天歐洲的統治者已成為被供奉起來的純粹裝飾性偶像，而歐洲的士兵則已經變成了相當危險的機器人。就他們國家的政府而言，那更是一些沒有自己的意志的機器人了，那又怎麼能說歐洲的士兵應該對這場戰爭負責呢？

最後，讓我們來審視一下反對歐洲外交官們的事例吧。根據政府理論，歐洲的《自由大憲章》，外交官——一個國家的掌管政府與公共事物的現任政治家和部長，他們僅僅只能去執行人民的意願。換言之，僅僅去做國內的平民百姓告訴他們做的事情。因而，我們看到外交官、現在歐洲國家政府中的政治家和部長們，都已經變成了機器，一種說話的機器。事實上就如木偶戲演出中的木偶。那腫脹的木偶是沒有自己的意志的，他們或上或下，都是由平民百姓擺布。這種沒有靈魂的木偶，沒有自己的聲音，沒有自己自主的意志。所以，我們如何又說外交官們——歐洲各國的政治家和部長們應對這場戰爭負責呢？

我認為，事實上最奇怪的事情是，今日歐洲國家的政府中實際上掌管政府事務的統治者、軍人和外交官或者政治家和行政部長，他們都不准有自己的意志，都不允許有任何權力做有利於民族安全與利益的事。而正是那些平民百姓——《愛國時報》的編輯約翰·史密斯，亨德史帝茲的博布斯，曾為卡萊爾時代的香腸和果醬製造商，而今則是巨大的「無畏戰艦」的主人，高利貸者摩西·拉姆——他們

第八章　暴民崇拜教或戰爭及其出路

都有足夠的權力，在國家政府中有自己的意志和說話的地方。事實上，他們擁有告訴統治者、軍人和外交官怎麼做是有利於民族的利益和安全的權力。因此，如果你深入了解一下這事，你就會發現正是這三種人──約翰·史密斯、亨德史帝茲的博布斯、摩西·拉姆應對這場戰爭負責。我在這裡想指出的是，正是這三種人，製造了可怕的現代戰爭機器──歐洲的現代軍國主義，並且正是這可怕的機器又挑起了戰爭。

但是，現在你會問我，為什麼在任的統治者、軍人和外交官，會如何怯弱退讓，轉而支持上述三位呢？我的回答是，因為平民百姓──甚至是那些良民，如教授狄金森也沒有忠心支持他們國家的在任統治者、軍人和外交官，反而是與約翰·史密斯、博布斯和摩西·拉姆站在一起，反對政府。平民百姓支持他們，主要有兩個理由。第一，因為他們告訴民眾他們是屬於平民黨派；第二，歐洲各國民眾從小就接受「人性本惡」的教育，即無論什麼人，無論何時賦予他權力，他都會濫用。甚至，一旦人們能夠去搶劫和謀殺他的鄰居時，他肯定會去。實際上，在此我想說約翰·史密斯、博布斯和摩西·拉姆三人之所以能利用民眾，迫使在位的統治者、軍人和外交官製造可怕的現代機器，並挑起了這場恐怖的戰爭，這是因為歐洲的平民百姓作為一個群體，他們總是自私和怯弱的。

因此，如果你追根溯源，你將會發現這場戰爭的罪魁禍首，不是統治者、軍人和外交官們，甚至也不是約翰·史密斯、博布斯和摩西·拉姆，而實際上正是如狄金森教授自己本人等那些良民。狄金森教授可能會對此不滿，並反駁道：我們平民百姓並不希望這場戰爭。然而，誰希望這場戰爭呢？我的回答是，沒有人希望這場戰爭。好了，是什麼導致了這場戰爭的爆發？我的回答是，是恐懼，群氓的恐懼。去年 8 月，俄國那種由歐洲民眾推動的可怕的現代機器開始運動之時，這種恐懼便掌控了整個歐洲的廣大平民百姓。總之，我認為正是恐懼——群氓的恐懼，今天在歐洲民眾之中傳播的那種恐懼，控制了癱瘓了歐洲統治者、軍人和外交官的大腦，使他們絕望無助地發動了這場戰爭。因此，我們看到，並非狄金森教授所言，是統治者、軍人和外交官把平民百姓引入了這場災難之中，而是平民百姓自己——自私、膽怯，以及在最後關頭驚慌失措，平民百姓的膽怯和恐懼把那些可憐無助的統治者、軍人和歐洲外交官們推向了這種深淵，推向了戰爭的地獄當中。我在此確實想說的是，如今歐洲那種悲慘的毫無希望的局面，其根源在於此時正處於戰爭狀態中的各國在位統治者、軍人和外交官們的那種可憐的、令人同情的無能為力。

我在上文所述中，顯而易見的是，如果要想保持現在和未來歐洲的長久和平，我們要做的第一件事不是狄金森教授

第八章　暴民崇拜教或戰爭及其出路

說的讓民眾參與政治，而是把他們從政府中永遠趕出去。這些平民百姓是烏合之眾，他們太自私和太膽怯了。無論何時面對和平或戰爭，都是恐懼不已。換言之，如果要在歐洲保持和平，我認為要做的第一件事，就是保護統治者、軍人和外交官們，不讓他們受到民眾的騷擾，免受群氓的困擾——那些烏合之眾的恐懼，只會讓他們更加感到無助。事實上，先不說將來，如果要把目前歐洲從困境中挽救出來，我認為只有一條路徑可行，即首先拯救處於戰爭狀態中的統治者、軍人和外交官，把他們從目前的無能為力中拯救出來。我希望在此指出，歐洲目前的悲慘無助局面，在於每個人都希望和平的到來，但是沒有人有勇氣與力量去製造和平。因此我說，我們所要做的第一件事，就是把統治者、軍人和外交官們從目前的無助中拯救出來。並找出一些賦予他們權力的手段——運用這些權力去爭取和平。所以，我認為只有一條路可走，即為了歐洲人民——為了歐洲人民不再開戰，就必須撕毀目前的憲章，即《自由大憲章》，並制定一個全新的憲章——正如在中國，我們這裡的良民宗教所賦予我們中國人的「忠誠大憲章」。

這一新的「忠誠大憲章」，要求交戰國的人民必須接受如下誓言：第一，不得以任何方式討論、參與或干預當今戰爭的政治；第二，無論現任統治者對他們做出何種和平條約，他們都應絕對接受、順從和遵守。這一新的「忠誠大

憲章」即刻賦予交戰國權力，擁有這種權力，就有製造和平的勇氣。事實上，如果有了這種權力和勇氣，和平即刻便可掌控和駕馭。我充分相信，一旦這種權力賦予了交戰國的現任統治者，他們就會馬上會掌控和平。我之所以說我堅信，因為交戰國的統治者們，除非他們都是一些無可救藥的瘋子或魔鬼，事實上人們也必須承認他們不是 —— 甚至，我在此斗膽說一句，那個目前最受人誹謗的歐洲人，即德皇也不是 —— 這些交戰國的統治者必須看到，他們總共每天都要浪費九百萬英鎊，這是他們的人民的辛苦血汗錢，而去屠殺成千上萬的無辜生命，去摧毀成千上萬的婦女的家庭和幸福，這實在是地獄裡的瘋狂。然而，為什麼交戰國的統治者、軍人和外交官們卻看不到這一點呢？這是因為他們在群氓的恐懼面前，這種平民百姓的烏合之眾的恐懼面前，感覺到自己的無助。事實上，正如我曾經說過，烏合之眾的恐懼已經控制並癱瘓了他們的大腦。因此我說，如果要挽救目前歐洲的局勢的話，首先要做的就是，給予交戰國的統治者、軍人和外交官權力，將他們從烏合之眾的恐懼 —— 平民百姓的恐懼之中拯救出來。

在此我想進一步指出，目前歐洲的悲慘無助的局面，不僅根源於統治者、軍人和外交官的無能為力，而且也在於交戰國中每個人的無能為力。每個人都無可奈何，並且不明白這場沒人需要，並僅僅是由群氓的恐懼導致的戰爭，其實是

第八章　暴民崇拜教或戰爭及其出路

一種地獄中的瘋狂。就如我已說過，這是因為群氓的恐懼已經控制和癱瘓了每個人的大腦。人們甚至可以從狄金森身上發現這一點。他著文反對戰爭，譴責導致戰爭的統治者、軍人和外交官。狄金森教授也沒有意識到，群氓的恐懼已經將他的大腦控制了。他在他文章的開頭說明，他的文章並不是什麼「停戰」書。接著他說道：「我認為，正如所有的英國人都認為，既然已經處於交戰之中，那我們就應該將戰爭進行到底，直到我們的領土完整無缺和人們的安定不遭受任何損害為止，以及人類的智慧能夠確保歐洲的和平之時為止。」大英帝國和統一和安定，以及歐洲的和平，只有透過每天繼續沒完沒了的浪費九百萬英鎊，去屠殺成千上萬無辜的生命才能獲得？！我相信，如此一個天大的謬論，只有那些滿腦子都是群氓的恐懼的人才能說出來。好一個歐洲和平啊！我想，如果這種耗費和濫殺無辜繼以時日，肯定和平會到來，但是到時候恐怕是歐洲已經從地球上消失了。的確，如果有什麼可以表明平民百姓確實不適合決定戰爭與和平問題的話，那麼狄金森教授的心理態度無疑是最佳首選。

在此，我想堅持說明的一點是，交戰各國的人民都渴望和平，但無人具備制止戰爭、創造和平的能力。正是無人具備制止戰爭、創造和平的能力的事實，使得每個人看不到和平的實現道路，都相信和平幾乎是沒有希望了。這種對和平可能的絕望，使交戰國的人民不能明白這場無人渴求且僅僅

是由群氓的恐懼導致的戰爭，正是一場地獄裡的瘋狂。因此，為了讓人們看清楚這場戰爭僅僅是一種地獄裡的狂亂，首先要做的是，讓人們看到和平的可能與希望。為了讓人們看到和平的可能與希望，首先要做的簡單的事就是，立即停止這場戰爭。應授予某人足夠的權力去制止戰爭。賦予交戰國的統治者絕對的權力，制定我所說的「忠誠大憲章」——賦予立即停止這場戰爭的絕對權力。一旦人們看到戰爭能被制止，交戰國的人們，除了少數不可救藥的瘋子之外，都能明白這場無人渴求的，由群氓的恐懼導致的戰爭僅僅是一種地獄間的狂亂。這場戰爭，如果繼續下去，即使是那些即將獲勝的國家，也會難逃毀滅的命運。一旦交戰國的統治者擁有停止戰爭的權力，一旦交戰國的人民明白了這場戰爭其實是一種地獄間的狂亂，只有到那時，人們才可能且容易具有像美國威爾遜總統那樣做出成功的和平號召，才能像日俄戰爭期間前總統西奧多·羅斯福那樣，立即制止戰爭，從而找到一條同向永久和平的道路。我之所以這樣說，因為我相信，為了實現和平，交戰國的統治者所必須做的唯一重要之事，就是建造一座精神病醫院，並且把少數不可救藥的瘋子置於其中——諸如狄金森教授那種滿腦子是群氓的恐懼之流——這種恐懼是對大英帝國的完整和安全和歐洲和平前景的恐懼！

因此，我說，對於交戰國的人民而言，這場戰爭的唯一

第八章　暴民崇拜教或戰爭及其出路

出路，就是撕毀目前的《自由大憲章》，制定一種新的大憲章，不是什麼自由大憲章，而是在我們中國這裡的良民宗教所具有的「忠誠大憲章」。

為了證明我所建議的有效性，讓我在此提醒一下歐美人民注意一下一個事實：正是日本和俄國人民對他們統治者的絕對忠誠，才使得前總統羅斯福能夠對已故的日本天皇和俄國現任沙皇形成一種成功的呼籲，並結束了日俄戰爭，並最後在樸次茅斯達成了和平協議。在日本，這種人民的絕對忠誠，受到了從中國學來的良民宗教的「忠誠大憲章」的保護。但在俄國，俄國人民的絕對忠誠是靠鞭子的力量而獲得的，因為俄國並不存在具有「忠誠大憲章」的良民宗教。

現在讓我們來看看，在樸次茅斯條約簽訂之後，在像日本等擁有良民宗教及其「忠誠大憲章」的國家，以及像俄國等沒有這種宗教和憲章的國家，他們都發生了什麼。在日本，樸次茅斯條約簽訂後，東京民眾的良民宗教由於受歐洲新學的破壞，他們吵鬧著並試圖製造恐怖——但是，那些內心真正不朽的日本人民的「忠誠大憲章」，在一些警察的協助下，僅用了一天就將遊行和民眾的恐懼鎮壓下去。並且，此後日本不僅實現了永久和平，而且遠東也安定多了。但在俄國，自樸次茅斯條約簽訂後，國內各地的民眾也舉行遊行並試圖製造恐怖。但由於俄國並沒有良民宗教，並且維繫俄國人民絕對忠誠的皮鞭也斷裂了。自那以後，俄國的平

民百姓就有充分的權利去製造騷亂和立憲,去遊行和製造恐懼——那種對俄羅斯帝國和斯拉夫種族的完整和安全、歐洲的和平前景的恐懼。結果是,當奧匈帝國和俄國之間關於如何處置殺害奧地利大公的凶手這一問題產生很小的分歧時,俄國的平民百姓、群氓就能吵鬧起來,並且製造了危害俄羅斯帝國的完整和安全的恐懼,所以俄羅斯帝國及其謀臣就動員了全部俄國軍隊。換言之,動員了約翰·史密斯、博布斯和摩西·拉姆所創造的恐怖現代機器。當那種恐怖現代機器——俄國的現代軍國主義發動的時候,在全歐洲人民之中立刻導致了一種普遍的恐懼,正是這種遍布歐洲的恐懼控制和摧毀了交戰國的統治者、軍人和外交官的大腦,並使他們感到無可奈何,這種無可奈何,我在前面說過,導致了這場恐怖的戰爭。

因此,如果你深入地考察這事,你就會發現這場戰爭的真正根源在於《樸次茅斯和約》。我之所以說戰爭的根源在於《樸次茅斯和約》,那是因為在條約簽訂之後,那皮鞭,那皮鞭的力量在俄國完全破裂了,所以,再也沒有什麼力量能使俄羅斯帝國免受平民百姓,民眾的恐懼的侵擾,實際上,是俄羅斯的烏合之眾的恐懼的侵擾,是免受那種對沙俄帝國以及斯拉夫種族統一和安全的恐懼的侵擾。德國詩人海涅——最傑出的自由主義者,事實上是他那個時代最優秀的自由主義者,以不同尋常的觀察力指出:「俄國的專制是

第八章　暴民崇拜教或戰爭及其出路

一種真正的獨裁,它絕對不容許其他可能傳播我們現代自由觀念的東西存在。」事實上,我重申《樸次茅斯和約》之後,俄國的專政——皮鞭,皮鞭的力量已經完蛋了。因此,就再也沒有什麼力量能保護俄國統治者、軍人和外交官免於群氓的侵擾。這些群氓就是我說過的戰爭的根源。換言之,這場戰爭的真正根源和原因,就是惡果群氓的恐懼。

　　過去,歐洲各國負責任的統治者能夠維持國內秩序,並且保持歐洲的國際和平,那是因為他們敬畏和崇拜上帝。而如今,我想說的是,今日歐洲國家的統治者、軍人和外交官敬畏和崇拜的不是上帝,而是暴民——他們國內的民眾組成的烏合之眾。拿破崙戰爭後,建立神聖同盟的沙皇亞歷山大一世,不僅能夠保持俄國國內秩序,而且還能夠保持歐洲的國際和平,這是因為他敬畏上帝。而如今的俄國沙皇既不能保持國內秩序,也不能維護歐洲的國際和平,那是因為他敬畏的不是上帝,而是暴民。在大不列顛,像克倫威爾這樣的統治者,既能保持自己國內秩序,也能維護歐洲國際和平,正是因為他們崇拜上帝。但是如今的大不列顛現任統治者,如格雷勛爵、艾思奎斯、邱吉爾和勞合·喬治等負責任的政治家,既不能維持國內秩序,也不能維護歐洲國際和平,那是因為他們不是崇拜上帝,而是崇拜暴民——不僅是英國國內的暴民,還包括其他國家的暴民。大不列顛已故的首相坎貝爾·班勒門先生,在俄羅斯杜馬被解散時,高

呼：「杜馬完蛋了，那可惡的杜馬！」

前文我已說過，這場戰爭的真正根源和原因是俄國的暴民恐懼。現在，在此我想說的是，這場戰爭真正的第一個根源並不是俄國的暴民恐懼。第一個根源——不僅是這場戰爭的根源，同時也是當今世界所有的無政府狀態、恐懼與痛苦的根源——是對暴民的崇拜，當今歐美國家對暴民的崇拜，尤其在大不列顛。正是大不列顛的暴民崇拜，導致和促成了日俄戰爭的爆發。日俄戰爭後，簽訂了《樸次茅斯和約》，《樸次茅斯和約》加上英國首相的高呼，把俄國皮鞭及其力量完全毀壞了，將海涅所說的「專政」擊垮了，並且激發了俄國的暴民恐懼。正如前文所述，這種暴民恐懼導致了這場可怕的戰爭。在此，我順便說一下，正是大不列顛的暴民崇拜，在華英國人和其他外國人中的暴民崇拜，事實上這是從英美舶來的暴民崇拜——它們導致了中國目前的共和夢魘，並給中國帶來了革命。從而給當今世界最寶貴的文明財富——真正的中國人帶來了毀滅的威脅。因此，我認為除非將大不列顛的暴民崇拜，以及今日歐美暴民崇拜立即消滅掉，否則它不僅將毀滅歐洲文明，而且還將毀滅全人類的文明。

現在，我認為對於我而言，唯一能將這種暴民崇拜，這種威脅毀滅今日世界文明的暴民崇拜消滅的東西，就是「忠誠之教」，這就是我們中國人中良民宗教所擁有的「忠誠大

第八章　暴民崇拜教或戰爭及其出路

憲章」之類的東西。這種「忠誠大憲章」將會保護所有國家的盡職的統治者、軍人和外交官免受暴民的侵擾，並且使他們有能力保持國內秩序，並且維護國際和平。此外，這種「忠誠大憲章」——這種具有「忠誠大憲章」的良民宗教，使所有良民都有能力去幫助他們的合法統治者，將暴民打倒——將使所有國家的統治者都有能力保持國內和國際的和平與秩序，並且這是不需要皮鞭、警察與士兵，一言蔽之，即不需要軍國主義。

接下來，在我定論之前，我想再談論一下沒有軍國主義、德國軍國主義的世界。我已說過，這場戰爭的首要根源是大不列顛的暴民崇拜。在此我想說的是，如果這場戰爭的首要根源是大不列顛的暴民崇拜，那麼戰爭的直接原因則是德國的強權崇拜。據報導，俄國沙皇在簽署俄羅斯軍隊動員令之前，曾言：「我們已經忍耐了七年了，現在該是結束的時候了。」

沙皇的這些激情高昂的話語，表明他以及俄羅斯民族一定遭受過德國民族強權崇拜的所帶來的痛苦。事實上，正如我已經說過，大不列顛的暴民崇拜將俄國沙皇手中的皮鞭擊碎了，這使他反對那些崇拜戰爭的暴民時是多麼的無能為力。並且，德國的強權崇拜又使他喪失了本性，與暴民一起加入了這場戰爭。由此，我們可以看出，這場戰爭的真正原因在於大不列顛的暴民崇拜和德國的強權崇拜。我們中國的

良民宗教聖經曾說過：「罔違道以干百姓之譽，罔咈百姓以從己之欲。」「違道以干百姓之譽」，在這裡就是我所說的暴民崇拜；「咈百姓以從己之欲」，在這裡就是我所說的強權崇拜。因而，具備了這種「忠誠大憲章」，一個國家的盡職的大臣和政治家就會認為他們不應該對暴民負責，不應該對那些平民百姓組成的烏合之眾負責，而是對他們的國王和自己的良心負責。並且，這樣就會防止他們「違道以干百姓之譽」，實際上就是防止他們陷入暴民崇拜之境地。此外，「忠誠大憲章」也會讓一國的統治者感到身上肩負的重任，這是「忠誠大憲章」賦予了他們的權力，這樣就能防止他們陷入「咈百姓以從己之欲」的境地。事實上，這就是防止他們強權崇拜。如此，我們就能看到，這種「忠誠大憲章」——這種具有「忠誠大憲章」的良民宗教，將有助於消滅暴民崇拜和強權崇拜，而這兩者，正是我前文所述的戰爭的原因。

經歷法國大革命的法國人朱伯特，在回答現代自由呼聲時說：「你應為自由的靈魂而呼喚，而不是為自由的人而呼喚。道德自由是一種最為重要的自由，這種自由是必不可少的。其他的自由，只有當它們符合道德自由時，才是好的和有益的。就其本身而言，服從要優於自主。因為一個意味著次序與安排，另一個則意味著自給自足。一個意味著和諧，另一個意味著單調。一個意味著整體，而另一個則僅僅是部分。」

第八章　暴民崇拜教或戰爭及其出路

　　那麼，這就是我所要說的，這是歐洲人民，目前正處於戰爭之中的歐洲人民不僅要擺脫戰爭，而且還要拯救歐洲文明乃至世界文明是唯一的一條道路。也就是說，他們現在應撕毀《自由大憲章》，而制定一種新的「忠誠大憲章」。事實上，就是採用在中國這裡中國人所擁有的「忠誠大憲章」的良民宗教。

　　世界的新秩序正在重新奠定！

第九章

第九章

一、基督教會與戰爭

在《新約·雅各布書》第四章第一節中,這位基督使徒提出了這樣一個問題:「你們之間的爭端與戰爭是從哪裡來的呢?」人們一定想知道,如果現在向歐洲的基督教會及其信徒們提出這個問題,他們給出什麼樣的答案。幾天前,在發表於《京報》的一篇文章裡,英國神學家再次對戰爭的起因作了解釋;如果人們把這種解釋和著名的德意志神學家哈納克(Harnack)教授回應此種解釋的書信加以比較,就可以明顯地看出,這位歐洲基督教會的信徒的回答非常有意思而又令人困惑。英國神學家在其解釋中,指責德意志違反中立、踐踏人權,因而要最終承擔戰爭責任。而德意志神學家在他的回應中,則譴責大不列顛是文明社會的叛徒。使徒雅各布在上面提到的他的使徒書中說:「不要互相詆毀,親愛的兄弟。誰詆毀他的兄弟、評斷他的兄弟,誰就在詆毀法律和評斷法律。你若評斷法律,你就不再是可能違反法律的人,而是法官了。」現在,這些英德兩國的基督教會的信徒們都以法官自居,並且作為法官,他們肆意聲討每一個曾武裝侵犯過本國領土的國家。這些和平福音和救世主的信徒們的表現,即使在不信奉基督教的人們看來,也必定不以為然。這些信徒不去倡導相互寬容,不去努力以好言平息那種引起可怕戰爭的欲望與衝動,不去努力營造安寧,相反,卻

為了各自國家的利益而向別的國家推卸責任。

儒家經典《大學》(Dr. Legge,即理雅各博士將其譯為《偉大的學問》)中曾記載:「物有本末,事有始終,知所先後,則近道矣。」那麼,什麼是引起今日戰爭的真正原因,什麼又是導致今日戰爭的動機呢?如我們所見,英國的神學家們說,德意志對世界人民美好信仰的違背是引起戰爭的真正原因,同時,英國的新聞界也宣稱,戰爭的原因是普魯士的軍國主義。德意志的神學家及報界則反駁說,戰爭的原因是不列顛人的背信棄義與俄羅斯民族的侵略本性。然而,如果人們對這一問題以及人類從事某種活動的動機予以深究,就自然會發現,這場戰爭的真正原因既不像英國神學家及報界所說的那樣,也不像德意志神學家及報界所宣稱的那樣。我們引述的那位基督使徒說:「你們之間的爭端與戰爭是從哪裡來的呢?難道不是從你們肉體中躁動的欲望來的嗎?你們貪婪,卻一無所獲;你們仇恨、嫉妒,也全無所得;你們挑起爭端,你們發動戰爭,卻同樣竹籃打水一場空。或者你們想,經上所說盡是徒然:你們肉體中的靈魂充滿渴望與躁動。」

實際上,如果人們深入探究人類行為的動機,就會發現,引發歐洲當前這場戰爭的真正原因,在於那些完全失去自我克制的歐洲人所具有的貪婪及其自私本性。戰爭的原因是一種靈魂,它潛伏在我們的肉體中,這是一個貪婪而飢渴的靈魂;這個靈魂使我們不能容忍他人比我們自身過得更

第九章

好，無法容忍其他民族比我們自己更加強大、富有和成功。換言之，戰爭的真正原因是歐洲人民可怕的精神狀態。那麼，誰應對歐洲人民的這種精神狀態負責呢？至少在官方看來，基督教會對此負有不可推卸的責任。所以，人們都想質問基督教會及其信徒，面對當今在歐洲瀰漫的這種可怕的境況，他們該如何為自己辯解。

現在，很多人都傾向於認為，基督教已經崩潰。我並不完全贊同這種看法。然而，即使認為基督教尚未崩潰，但是，根據當今歐洲的精神狀況來判斷，人們卻可以說，基督教會在今天肯定已經崩潰了。事實上，托爾斯泰早就說過，為了拯救基督教，必須消滅基督教會。在此，我難以探究是何種原因導致了基督教會今日的崩潰這個問題。但是，我們曾聽過弗勞德在談論現代英國的基督教會時說道：「我在英國聽過上百次布道，許多布道都曾論及過信仰的神祕之處，神職人員的神聖使命，基督使徒的繼任，主教和辯護，關於金玉之言、靈感以及基督教儀式作用。但是，就我記憶所及，沒有一次布道涉及日常生活中的正義，或者是那些簡單的戒條：『不要撒謊』、『不要偷盜』。」

宣講宗教雖然不屬於現代報紙的職能。但是，今天我們想使它偏離一次本職，從基督教的聖書上引用下面一段話，對此，我們也不想專門指出其中原因，我們認為，這段話對於我們的許多外國讀者，即那些來中國做生意賺錢的人非常

有意義。這段話就出自我已經引述過的那位基督使徒,他說:「設立律法和判斷人的,只有一位,就是那能救人也能滅人的。你是誰,竟敢論斷別人呢?你們有話說:今天或明天我們要到某城去,在那裡住上一年,做買賣得利。其實明天如何,你們還不知道。你們的生命是什麼呢?你們原來是一片雲霧,出現少時就不見了。你們可以說:主若願意,我們就活著,也可以做這事或做那事。現今你們卻以張狂誇口。凡這樣誇口都是惡的。人若知道行善,卻不去行,這就是他的罪了。」

我曾大膽宣稱,在我看來,基督教會在當今已經崩潰。我做此論斷的根據是,直到今天,據其言行來看,基督教會及其信徒們並未理解什麼是真正的基督教。對此,我只指出下述事實就已足夠,這就是,如果他們知道什麼是真正的基督教,那麼,在與今日情形類似的當時,他們就不會提出比利時中立的觀點,就不會引述全世界人民的美好信仰,以及英國人的背信棄義或俄羅斯民族的侵略本質等觀點,相反,他們應該聚精會神且全力以赴地去向那些對追隨他們的信徒們講述他們宗教的精髓到底是什麼。那麼,無論從過去還是從現在來看,什麼是真正的基督教呢?「在神我們的父面前,那純潔沒有玷汙的虔誠,」使徒雅各布說:「就是看護在患難中的孤兒寡婦。並且保守自己不沾染世俗。」即使冒著風險,我們也要把基督教會的注意力引導到這上面來;因

第九章

為在我們看來，這才是基督教；這才是積極的真正的基督教；這才是基督使徒所理解的「行善」。因為人若知道行善，卻不去行，這就是他的罪過。一個基督教會，如果不知道行善或不去行善，縱使它知道什麼是真正的基督教，也算不上是一個基督教會。

二、現代教育與戰爭

當我最近在寫〈基督教會與戰爭〉時，我曾說過，目前歐洲戰爭的真正原因，應當追溯到歐洲人民所擁有的可怕的精神狀態，而且，就此而言，對民眾的精神狀態負有不可推卸責任的歐洲的基督教會已經失敗了。

基督教會的工作沒有取得成功的一個主要原因似乎是，如弗勞德所言，它教給人們的是人們並不需要的東西；卻沒有教給人們迫切需要的東西。那麼，基督教會都教了些什麼呢？他們教神學，教授被稱為宗教的教義。但是，人民需要的又是什麼呢？他們需要教育。結果，這種需要促發了一種機構的產生，它能夠提供基督教會顯然不能提供的東西──教育；在這一需要推動下，在現代歐洲，被人們稱之為學校的機構，即擁有現代教育的學校得到了發展。隨之而來的是，在當前歐美所有的基督教國家裡，都出現了教堂和學校、宗教和教育之間的區別和分離；這種宗教和教育之

間的區別，這種非自然的分離，實際上成為今天歐洲民眾精神上混亂狀態的根源。

在中國，在此我也想把它作為中國文明的一個典型特徵指出來，這就是，教育之宗教與宗教之教育並未分離。「教」這個字指的是授課、教育，同時也指代宗教。換言之，在中國，學校即教堂，教堂即學校。可是在歐洲，如我所言，宗教是宗教，教育是教育，教堂是教堂，學校是學校。事實上，就我所知，對於教育與宗教的非自然分離，沒有什麼比大不列顛的法律更加典型的了，它甚至禁止在公立學校裡閱讀基督教聖經。法國走得更遠。國家不但禁止在公立學校裡講授基督教，而且為這種學校的需要，甚至又創造了一種名為「倫理」的新宗教。

在我們看來，儘管基督教對人們的精神狀態負有不可推卸的責任，但是，在幾乎所有的歐洲國家裡，學校事實上已承擔了這種責任。如果基督教會在教義或名義上還對人們的精神狀態負有責任，由於歐洲民眾可怕的精神狀態，就像在這場戰爭中表現的那樣——不僅表現為真正的戰場上殘暴，而且還表現為在媒體方便的可憎——教會因此理應受到譴責的話，如果基督教會因此受到譴責，那麼，我們對學校、對現代的學校，對今天歐洲的教育又應該說些什麼呢？

羅斯金說：「現代教育總體過程的唯一結果是，在對人生至關重要的所有問題上，都給人們提供了錯誤的觀念。」

第九章

事實果真如此嗎？讓我們來考查一下。讓我們以對戰爭的研究這個題目為例。現代教育對戰爭都講了些什麼？現代教育是否教導人們說，戰爭是某種嚴肅和可怕的東西？沒有。就我所知，所有的現代學校都教導戰爭的偉大與光榮。那麼，戰爭和爭端的目的是什麼呢？是為正義嗎？抑或為了榮譽？都不是，現代教育指出：「戰爭是為了利益。」若進一步提問，戰爭與爭端為了何人？「戰爭與爭端為了祖國。」現代教育就是這樣講的。但是，如果自己的祖國發動了非正義的戰爭呢？現代教育則回答說：「管它對錯呢！好呀！祖國萬歲！」事實上，根據現代教育的教導，我們的義務也許是，一旦我們的祖國全力投入戰爭時，我們也必須參加戰鬥。

如今，「愛國主義」這個詞把我們引向了宗教，它在現代學校裡被教授，實際上就是愛國主義宗教，這種宗教在歐洲許多國家中已排擠了基督教。現代學校、現代教育對愛國主義都傳授了些什麼呢？現代教育教導說，愛國主義意味著，作為一個好的國家的好公民，人們應該履行自己的義務，應該效忠自己的國王或皇帝，應該遵守法律，應該謙虛而適度地生活，應該償還債務，應該做孝順的子女，應該潔身自好，應該早日成家立業。根據善良的牧師在哥爾德斯密茨的「維卡」教區所講，愛國主義的首要義務是，人們應該做好丈夫，好父親，應該關心照顧親屬，應該對朋友忠誠並在他們需要的時候提供幫助。在現代教育的意義上

說，這些便是愛國主義的全部內涵嗎？還不是。現代教育教導說，愛國主義，用約翰·布若特的話說，是指「人們應對政治懷有高尚興趣」；事實上，就此而言，愛國主義不過是指為選舉權吶喊，為本國政府加油。現代教育還教導說，當某人在別國逗留時，愛國主義並非意味著要透過自己的性情、正直與良好風度來維護祖國的良好聲譽，而是，在任何情況下──如果可能的話，以體面的方式──攫取可得利益，為本國人民爭取貿易及其他特權。現代教育最後還教導說，愛國主義就是搖旗吶喊，抓住任何機會，高舉火把參加遊行；事實上，愛國主義就是，不論人們到什麼地方，都要高舉國旗。簡言之，在現代教育看來，愛國主義就是高揚國旗，大聲稱頌本國人民。基督教的經典中說：「人類的主要任務就是熱愛上帝。」但是，在現代學校中，愛國主義這種新宗教取代了基督教及其他古老宗教體系，這種新宗教的經典文字教導人們說：「人類的首要任務就是為英國人，為大英帝國；為日耳曼人，為德意志帝國，為日本人，為大日本帝國；為現代中國人，為光榮而偉大的中華民國唱讚歌。」

有些人可能會說，這種描述誠屬言過其實，或者是為現代教育畫的漫畫。可是我堅信，並且也沒有人會反駁，這就是，在透過學校的現代教育所教授的內容中，沒有什麼比「戰爭」和「愛國主義」這兩種概念被賦予更多的錯誤理解，這種教育過分強調了所謂的「戰爭精神」、並將其作為「愛國

第九章

主義」的內涵，因此挑起了當前在歐洲將要進行到底的可怕戰爭。普魯士的軍國主義是一種對世界的威脅。但是，巴頓・鮑威爾的童子軍運動難道就不是軍國主義了嗎？普魯士的軍國主義至少是一種嚴肅的軍國主義，而充滿戰爭喧囂的童子軍運動，我們必須承認，連野蠻的沙文主義都還算不上。中國有句古話說：「兵猶火，不戢將自焚也。」就連學生玩帶火的遊戲都要在監護下進行，但是，讓人們感到奇怪的是，整個歐洲都在玩火——而且是戰爭之火。基督以其懇切的方式告誡道：「拿劍者，必亡於劍。」可愛國者卻對我們說：「無論如何，我們必須教育我們的年輕人，要像戰士一樣行為，時刻準備抵抗侵略。」我並不想用我自己的立場來反駁此種論調，而想用孔子的話來回答這個問題。孔子的一個學生曾參加武力反抗其鄰國的戰爭，並擔任統帥，這個學生對此感到內疚，孔子對他說：「夫如是，故遠人不服，則修文德以來之。」（出自《論語・季氏十六》）外國朋友要問，孔子的學說，即古老的學問，與現代西方教育，即現代的學問之間有何區別，我將回答說：「這就是二者的區別。」

三、民主與戰爭

孟子曰：「春秋無義戰。」（出自《孟子・盡心下》）中國歷史上的春秋時期（西元前 722 至 480 年），是一個非常混

亂而又戰爭頻仍的時期，恰如現在的歐洲。當時，中國的封建制度已經土崩瓦解，進而產生了帶有新思想的新社會秩序——民主的社會秩序，正如今日中國所存在的那種社會秩序；然而，不幸的是，這種在良好基礎之上建立此種新式社會的思想在當時並未得到人們的理解。隨著對嚴格的封建習慣的依附與敬畏，即對王權理念的敬畏的結束，封建主義基本的和必要的國體之基礎也隨之土崩瓦解。生活在那個時代的孔子說：「夷狄之有君，不如諸夏之亡也。」（出自《論語·八佾第三》）

孔子臨死之前寫了一本書，名曰《春秋》（人們可以將這本書與伽利略最後時日寫的小冊子相比較），他在書中寫到，春秋戰國時期，所有無政府狀態及不願結束當時戰爭的根源在於，對王權思想和對當權者的敬畏之思想在中國民眾心中開始消失，對此孟子曾有論述。

我們可以看到，在今日的歐洲，存在著與 2,500 年前的中國相同的境況。封建社會制度在歐洲業已分崩離析，一個帶有新思想的新社會秩序——即全新的民主社會秩序正在出現。然而，什麼是民主？對於許多生活在歐美國家的人來說——而且，我必須遺憾地說，包括從這些國家輸入了「新學」之後的中國——民主僅意味著沒有王權。美國人說：「民治、民有、民享。」愛德華·格雷爵士此前談到今日之戰爭時說，英國政府將完全依民意而行。根據既定原則，

第九章

那些身居國家高位的國王、皇帝或總統，應對良好治理及國民福祉負責，然而，他們並沒有擔當起帶領並引導本民族走上應走之路的重任，而是盲目地順從人民意志，即所謂的公意——另一方面，他們不僅讓人民自己去決定該受何種統治，還讓人民在必要時去判定什麼是正義之戰，什麼是非正義之戰，以及國家應該在什麼時候或對誰開戰。如果我們把何為良好治理的問題暫放一邊，我們需要面對的另一個問題是：人民，即國家中的大多數人，是否有能力正確地判斷何為正義之戰，何為非正義之戰？正義之戰是指為公理、為正義、或就像人們當前所說的那樣，為文明而戰。因此，那些意欲判斷戰爭正義與否的人，必須知道什麼是文明——什麼是真文明，什麼是假文明。對於什麼是真正的文明這個問題，人民，即國家中的大多數人，他們知道多少，或者說，他們在這方面知道些什麼？針對目前這場戰爭，大英帝國財政大臣最近向英國人民講述了家兔和刺蝟的故事。毫無疑問，人民，特別是大英帝國的大多數臣民，都知道家兔和刺蝟的區別。可是，他們對於文明知道什麼呢？對於真正的文明有了解多少呢？當人們談論文明時，他們應當知道，文明不僅僅是個偉大的字眼，還是一件偉大的事業——是一個具有重大意義的事物。

不過，有人可能會反駁說，儘管人民，即國家的大多數人對文明所知不多，但是，他們可以找到並選出能夠理解什

麼是文明並告訴他們什麼是文明人。但是，我們仍然面臨著同樣的問題：人民，即國家中的大多數人，能夠發現並選出那些理解什麼是文明，並能向他們說明什麼是文明的正確人選嗎？讓我們聽聽培根爵士對此說了什麼，他講道：「榮譽是德性的反映，這就像一個玻璃杯或任何一個反光體一樣。如果它來自庸眾，則是錯誤的和毫無價值的，而且虛榮多於美德，因為庸眾對於許多高尚的德性一無所知；最低微的德性就能贏得他們的讚譽，中等的德性就能引起他們內心的震驚，而對於最高尚的德性，他們則一無所知，他們只會說：『它們最近於日月之光的美德』。」如果培根在這裡所說的完全正確，如果人民，即國家中的大多數人想理解什麼是文明，他們就應該選出那些對文明有所了解的人——但現在的情況卻是，人們沒有選出合適的人選，即那些對文明確實有所了解的人，相反，他們選出的是那些比較聰明的人，這些人「美德昭日月」、能言善辯，擅長向人民發表諸如家兔和刺蝟之別的演講。

儘管如此，仍有人宣稱，國家中大多數人是可以選出那些能夠說明什麼是文明的正確人選。但是，在我看來，如果人們堅信國家中的大多數人可以選出正確的人選，那麼，出現這種正確選擇的可能就完全不存在了。《新約》講道：「許多人有資格，可中選者甚少。」柏拉圖及古希臘智者都說：「大多數永遠是不好的。」事實上，中國古代的皇帝，當談

第九章

及自己時,他們不是用「我」或「我們」,而是說「寡人」、「孤」。因此,在任何國家,在任何時候,那些不僅希望知道什麼是奶油和麵包,什麼是偏斜的個人利益,而且還想了解什麼是真理、正義、榮譽和文明的人,永遠都不是大多數人,這些人只是少數,如果情況需要,他們也願意承受孤獨。事實上,中國人只把那些擁有勇氣,甘做少數並自甘寂寞的人,稱為「君子」,稱為義士,從字面上講就是有君王德性的人,才配得上這樣的稱呼,就像中國古代的皇帝一樣,他們也可以自稱為「寡人」、「孤」。

換言之,我在這裡想說的是,人民,即大多數人,尤指國家中的人口的大多數,從來就不能正確地判斷什麼是真理,什麼是謊言,什麼是尊嚴,什麼是無恥,什麼是正義,什麼是邪惡──簡言之,他們不能判斷什麼是文明,什麼是野蠻。相反,對於那些真理與謊言、尊嚴與無恥、正直與邪惡、文明與野蠻的問題,如果這些嚴肅而重要的問題讓人民,即國家中的大多數人來決斷,那麼,這種決斷將永遠都是不正確的,根據這種決斷而發動的戰爭將永遠是非正義的戰爭。

現在,我將加以總結並結束全文。在我最近寫的關於「現代教育與戰爭」的文章中,我曾指出,像羅斯金所指出的那些錯誤思想,或者在現代學校所教授的那些關於「戰爭」和「愛國主義」的錯誤觀念,比其他任何東西都更多地

導致了今天在歐洲出現的戰爭。在此我要進一步指出的是，今天歐美人民對於「民主」這個詞所抱有的錯誤觀念，不僅是當前所有無政府狀態、所有社會、政治和世界的無政府狀態的根源，它還是目前這場戰爭的間接誘因。從消極意義上講，民主的真正內涵是：沒有特權。從積極意義上講，民主的真正內涵是：機會平等，或像偉大的拿破崙所說的那樣：「人盡其才。」事實上，民主指一切開放，沒有出身、地位、種族之別。這才是民主真正的本質而不是別的。然而，今天對於民主的理解，正如我在文章的開頭所指出的，僅僅是指沒有王權，正如法國作家阿爾方·卡爾（Alphonse Karr）所說：「在學校裡，學生應當教導老師；在軍隊裡，士兵應握有高於將領的指揮權；在大街上，馬應駕馭車伕。」

把民主理解為沒有王權的這種錯誤觀念，一方面不但打碎了現代大多數人對王權統治的信念，而且也打碎了他們對王權本身及人的價值的信念；另一方面，對民主抱有的這種錯誤觀念，也導致了現在歐洲各國的當政的政治家把權力完全交給一幫烏合之眾──一幫對愛國主義抱有錯誤的和顛倒觀念的現代烏合之眾，他們透過現代教育養成了這種錯誤觀念；或者說更為糟糕的是，這更助長並迎合了這幫烏合之眾的顛倒的觀念與激情。事實上，這就是卡萊爾所稱的耶穌會教義，即狡猾與奸詐在現代政治家身上的結合，它也是今天所有歐洲國家的國務活動家和當政的政客所信奉的那種耶

第九章

穌會教義,當他們談論和平與文明時,就迎合了這幫烏合之眾的激情,更過分的是,迎合了那種存在於下層階級身上的虛榮與殘暴,這是一種誤入歧途的現代烏合之眾的無政府主義,他們根本不知何為一名公民的真正義務,並且在談論愛國主義時,對這種義務也毫不關心;正是當前歐洲這些當政政客的耶穌會教義,以及這些毫無責任心的烏合之眾的無政府主義,掀起了這場極不正義、極不道德、罪過深重、令人毛骨悚然的戰爭,整個世界都在看著這場戰爭——這場戰爭正在歐洲展開。為了反對這種作為錯誤民主產物的耶穌會教義和無政府主義,生活於現代的卡萊爾在他晚年的冊子裡,生活於古代的孔夫子在他的《春秋》裡,都對此有所論述。孟子說:「孔子成《春秋》而亂臣賊子懼。」(出自《孟子·滕文公下》)

我在一本名為《總督衙門論文集》的書中曾寫道:「當今世界無政府狀態的真正根源並不是在中國——儘管中國人民正在深受其害——而是在歐洲和美國。一個國家在治理過程中出現的或多或少混亂或失序並不是無政府狀態的標誌或其存在的試金石。無政府這個古希臘詞語從字眼上講是指「沒有王權」。無政府狀態有三個階段或層次。第一階段指一個國家沒有勝任的國君;第二階段指臣民公開或私下不信任國君的統治;第三階段也是最糟糕的階段,它指舉國的臣民不僅不再信任國君的統治,而且不再相信王權本身——事

實上,它是指臣民已經不再認可王權或人類自身價值。」在我看來,歐洲和美洲已經接近這最後且最糟糕的階段。歌德在上個世紀初在一首詩中寫道:

> 法蘭西的不幸是駭人的,在上者真該好好反省自己;
> 可事實上,在下者應該對此做出更多的思考。
> 假如在上者被毀;那麼誰來保護彼此爭鬥的在下者?
> 在下者已成為在下者的暴君。

四、現代報紙與戰爭

當人們因歌德的〈拜倫斯勳爵〉這首詩的不道德而毫不留情地攻擊他時,歌德說道,我的詩再不道德,也比不上報紙的不道德。我很想知道,今日的人們是否已經清楚地認識到了現代報紙有多麼不道德。為了弄清報紙有多麼不道德,人們必須了解,「不道德」這個詞到底是什麼意思。對於很多人來說,「不道德」是指:狂飲威士忌、抽菸或吸食鴉片、或與異性保持不正當的關係。但是,在歌德看來,「不道德」的含義遠不止於此,「不道德」還有比這些更深一層的含義。歌德認為,「不道德」指的是自私與卑鄙,說某人是不道德的,就是指某人是自私且卑鄙的。孔子曰:「君子周而不比,小人比而不周。」我把中文「小人」譯成「平常的人」,從字面上看是「小人物」,也就是理雅各博士所說的「渺小的

第九章

人」，已故的阿查立爵士把它譯成「粗鄙無禮的人」。聲名狼藉的唐朝武則天皇帝的姪子武三蘇，他是一個小人，是中國歷史上眾多不道德角色中的一個，他曾說過：「我不知道什麼是好人，什麼是壞人。在我眼裡，一個擁護我、服務於我的利益的人就是好人；一個反對我、有害於我的利益的人就是壞人。」這就是歌德在談到報紙不道德時所指的那種不道德。在歌德和孔子看來，不道德就是指狹隘、片面、自私、卑鄙；這樣的人就是一個小人，一個渺小的人 —— 也就是粗鄙無禮的人；一個粗鄙無禮的人就是指：他是不道德的，這樣的人比飲威士忌、抽菸及吸食鴉片還要不道德、還要壞，甚至比與異性保持不正當關係的人更不道德和更惡劣。

事實上，當人們理解什麼是真正的「不道德」之後，人們就會像歌德一樣清楚，現代報紙是多麼的不道德。我們在這裡不談論那些毫無信譽的小冊子，這些小冊子和人們在中國所看到的情況完全一樣，它們為了得到報酬，可以誹謗或吹捧任何一位豪紳鉅富，或者是一群愚昧而又卑鄙的烏合之眾，這些小冊子僅僅靠造謠中傷，製造一些駭人聽聞的訊息或迎合群氓們的嗜好而維持生存。但是，我們這裡所提到的都是像倫敦的《泰晤士報》那樣知名的報紙 ——《泰晤士報》曾經是而且今天仍然是世界知名的報紙。當德國人在 1897 年武力侵占青島時，倫敦的這份報紙在社論中說：「做得好，德意志！這是對待中國人唯一的方式。」我們清

楚地記得，這就是透過電報傳過來的《泰晤士報》這篇社論的核心內容。但是現在，即1914年，德意志帝國和大英帝國打了一仗，大英帝國的盟友日本開始遠征青島，現在倫敦的《泰晤士報》又說了些什麼呢？它說：「做得好，大日本帝國！如果日本想進行報復，想把這個國際盜匪趕出中國，你完全有這個權利！」還有誰能像《泰晤士報》那樣，說出如此不道德的言論，如此見風使舵呢？

要想了解像《泰晤士報》這樣具有很高聲譽報紙為什麼會如此不道德，人們必須對了解在新聞界從業的這些人所屬的階級和階層。卡萊爾在評論現代文學時曾說：「通向文學的大門擁擠不堪。文學成了背井離鄉的唯靈主義者和虛榮者的避難所，連低能愚笨的人也心嚮往之。在那裡彙集了永恆的諸神（由於這些人遮掩著完全沒有被認識到），還有最卑鄙的、極端頹廢的許多無賴。這個避難所是一個沒有秩序的、非常混雜的團體，確切地說，事實上它連這種混雜的團體也算不上，只不過是一幫烏合之眾而已。」卡萊爾對現代文學所作的這些評論，也適合甚至更準確地說更適合現代新聞界的狀況。

如果說歌德和卡萊爾時代的新聞界和報紙的狀況就已經是這樣，那麼，它們現在的狀況就更為糟糕。現在，在新聞界中，除了片面、狹隘和卑鄙的做法甚囂塵上以外，還有一個在歌德和卡萊爾時代尚未出現的因素，那就是商業。最

第九章

初，新聞業是一種職業，但現在它已經成為純粹的商業運作。如果說過去在新聞界中存在著頹廢萎靡，那麼，正如卡萊爾正確地指明的那樣，當時也還存著背井離鄉的真正的唯靈主義者，甚至還有永恆的聖賢。在這裡，我們從先前新聞界中這些永恆的聖賢只指出三個人的名字就夠了，他們是約翰‧彌爾頓（John Milton）、喬納森‧斯威夫特（Jonathan Swift），以及一位並不知名的作家，他自己取名為尤尼烏斯（Junius）。

但是，自從新聞界變成一種商業運作之後，在這個行業中，就像卡萊爾所說，幾乎就只剩下最卑鄙的頹廢萎靡了，對此，人們從戰爭開始以來充斥於公開出版品中的各種報導中，就不難作出這種判斷；他們還試圖證明，這些陳詞濫調是一種愛國主義言論，甚至還應該被看作無價之寶，並進行兜售！實際上，在我們看來，這些現象是當今歐美現代社會和現代文明所處的可怕狀況的一種最糟糕的徵兆，它們還不僅僅是人們在現代享樂主義中已經感覺到的那種粗俗的物質主義，毫無節制的放肆以及不知悔改的玩世不恭，而且還是這樣一種現象的最糟糕的徵兆，這就是，商業運作的思維已經滲透到各個領域，包括人們自身最神聖、最崇高的精神生活領域。現在，科學、藝術、文學和哲學也都開始賣身，而且它們所採用的方法和江湖郎中們身掛閃閃發光、耀眼奪目而又俗不可耐的招牌，推銷自己所謂包治百病的萬應靈丹沒

有什麼兩樣,那些職業的社會締造者們實在該對此感到汗顏和羞愧!然而問題遠不止此,今天,就連教育事業甚或宗教本身也在以同樣的方式開始推銷自己。

使得現代報紙存在如此嚴重的問題的原因是這樣一種現實,這就是,新聞界在今天已變成了新時代的教會,成了歐美現代民主社會的教會。實際上,現代新聞界,人們儘管還一直這樣稱呼它,但已成了新的現代教會,它取代了基督教會,並發揮著基督教會的作用。它是新的社會秩序的新教會,是現代民主社會的新教會,我最近在討論「民主與戰爭」的文章裡已經指出,這種新教會目前在歐美國家正在形成。人們可以用「自由主義」來稱呼這種教會的宗教。同基督教曾使古羅馬社會解體、滅亡並建立了一個新的社會——歐洲中世紀基督教的社會的方式完全一樣——現在的這個新宗教,即「自由主義」,則促使中世紀基督教社會解體,並企圖建立一個新的社會——現代民主社會。在基督教使古老的羅馬社會滅亡以後,基督教會就變成了一個新社會——歐洲中世紀基督教社會——的新教會。同樣,「自由主義」這一現代宗教在使中世紀的基督教社會滅亡以後,新聞界現在則變成了另一個新社會——現代民主社會——的新教會。現時代的這一新教會,即新聞界,完全繼承了基督教會的使命,——這種使命就是,照顧歐美不斷增加的人口的道德和精神狀態。另一方面,基督教會今天

第九章

在所有的基督教國家，正如同道教的宮觀和佛教的喇嘛廟一樣，已變成了純粹的飾品。

在中世紀，在基督教會尚屬優秀且有道德的教會，基督教教士尚且充滿虔誠的時候，和平與秩序在整個中世紀的歐洲占據著主導地位。但是後來，當基督教會不再是優秀且有道德的教會時，當它不再理解真正的宗教，並且放棄宗教，不再傳授安於清貧、虔誠與純潔的宗教時，事實上，當中世紀的基督教會已變得無用且墮落，基督教會的上層人物，羅馬教皇，事實上為了金錢而出賣宗教的赦罪，致使「基督教教士」這個稱呼變為中世紀商人的同義語，這時，如我們所知，在整個歐洲爆發了一場可怕的戰爭，即三十年戰爭。德國人民花了三十年的時間，才撲滅了存在於中世紀基督教會的商業思維。現在，這場三十年戰爭被稱為改革戰爭——也就是對中世紀的基督教會的改革。歐洲現在正在進行的戰爭，從將來歷史的角度來看，也可被稱為改革戰爭——這是對現代教會，或日新時代的教會，即新聞界的改革。如果不對現代教會、現代媒介或新聞業進行改革，在歐洲就不可能有和平、秩序和文明，因為這個現代教會，即新聞界，同中世紀晚期的教會一樣，不僅不再教導真正的宗教，即自由主義和真正的民主，而且它本身已經腐化，並蛻變成商業運作。耶穌基督關於古猶太教會所說的話，今天也同樣適用於新的現代教會，即新聞界：「我的家是一座教堂，可你們卻

在裡面築起了偷盜之窩。」實際上，人們必須以基督的話，向在中國的英文報紙出版者和基督教傳教士們大聲警告：「等著瞧吧，猶太教法師和法利賽人，你們這些偽君子你們背井離鄉，製造出了一名猶太教徒，可當他真正成為猶太教徒後，你們又把他變成地獄之子。他因此將遭受的苦難，絕不啻是你們的兩倍！」因為他們在中國不是傳授基督教，而是傳授新學，這必然會對文明造成新的威脅，即當前在中國進行革命的現代中國人的產生。

五、日本的辯解

—— 致 P. and T. Times 出版商的一封信

尊敬的先生：

我懷著極大的興趣拜讀了本月 20 號貴報刊載的某位日本總督的文章，這篇文章試圖為當政的日本國務活動家的決定提供辯解，因為這些政客批准對東亞 —— 那裡被人們稱為德國的「殖民地政策」陰影籠罩下的亞洲「色當」—— 進行不折不扣的歐洲帝國主義式的遠征。

請允許我指出，在我看來，你們這位代表所提出的辯解是現有的唯一理由，這個理由在他的辯護中，至少是誠實的、可以理解的，但從外部觀察，它看起來構成了對保證公正遊戲的法律或宗教的犯罪 —— 確切的說是指日本的遠征，它在世界範圍內構成歐洲大戰的一部分。我說它是犯

第九章

罪,因為我相信,每一位日本人都肯定知道一句常用的中國俗語:勝之不武。這句俗語可被用於這場今天我們看到的,為反對在青島的少數德國人而採取的可怕戰爭。

為了向您表明我對你們總督所提出的這一論點的欣賞,我想給您提供一個歐洲歷史中的例子,在這個例子中,一項如日本所採取的措施,不僅是正確且公平的,而且是必要的和絕對富有建設性的。在已故德皇威廉一世的傳記裡,阿奇博爾得・富比士(Archibald Forbes)在描述1870年法蘭西色當悲劇的最後一幕或最後的情景時,寫道:

「在白旗升起的前一小時,普魯士皇帝便已得知,他的砲兵部隊業已占領了整個羅馬,這裡的法國軍隊束手無策、亂哄哄地擠在一起,各方報導都使他堅信,他已經具有足夠的力量,能一舉挫敗所有反抗的企圖。但由於法國人在內心深處仍然頑強不屈,所以好像還必須一個比業已提供的更為強烈的動力促使他們徹底放下武器。在過去,出於人道考慮,為保護由於極度痛苦而處於發作時期的狂犬病患者,不得不去把他們從掙扎中喚醒,現在如果也這樣做,必然會人為地加強法國軍隊的垂死掙扎。德國政府的報告中寫到,在某些情況下,用強大的炮火炮擊反抗之敵的最後避難所是行之有效的,要使其明白他們已處於毫無希望的境地,只有趕快放下武器,迅速投降,此外別無他路。為此,德國皇帝向集結好等待他命令的砲兵說,把所有的炮火集中於色當。」

由此我們可以看出,在戰爭中,冷酷與無情並不是非人性的,相反,它是真正的人性,這聽起來像是悖論,在戰爭

中，為了憐憫，有時必須殘酷無情。人們可能會想起美國將軍謝爾曼（Sherman）的那句令人毛骨悚然的名言：「在戰爭中要使你的敵人除了眼淚還是眼淚。」就像法國人說的那樣：戰爭就是戰爭。

因此，我不想從博愛原則的觀點或其他理論出發，來檢驗日本現在的遠征是否是正義戰爭。我想從君子原則的觀點——真正的武士道準則，來評判這個問題。有人對我說，如果日本報復德國的話，是完全正當的。但是對我來說，真正的問題是：日本是像一位君子那樣，像一位真正的武士那樣來復仇的嗎？事實上，需要回答的問題是：日本是在公平進行遊戲嗎？在我看來，這個問題的答案取決於，青島目前的局勢是不是和1870年富比士所描述的色當的情況類似。如果類似，那麼，日本的當前的遠征毫無疑問就是正當的。但是，如果二者並不相似，那麼，我擔心，日本在青島攻擊少數德國占領者的這種大規模「報復」行動就要比違法還要惡劣——這將是一場難以置信的、可怕的錯誤。在我看來，你們總督的論點是簡單地建立在下述這種認識上面：日本進攻的唯一動機和目標和普魯士皇帝對色當一樣，那就是，使德國人相信他們的絕望處境，從而無需戰鬥就放棄青島，實際上也就是，在減少不必要流血的情況下，完成或加速青島的投降，結束殘酷的戰爭及對中國沿海商業和交通的威脅，一句話，「在遠東消除一切不安定的因素」。

但是，日本的進攻對加速或完成青島的投降有益嗎？你們的總督認為這是顯而易見的。他說：「自從日本介入戰爭

第九章

之後,德國人都知道,進行一場日本式的戰爭會帶來怎樣的後果,所以,最聰明的選擇就是,毫無抵抗地把領地交給強者,只有這樣才可避免流血。」我必須說明,我並不完全理解,所謂進行日本式戰爭是什麼意思。如果你們總督指的是一般的合乎道德的勇毅或日本人的武士道,那麼,我敢斷言,我確信一名真正的武士絕不會把他的武士道或勇敢掛在嘴上,而且,德國人也絕不會害怕在那些大聲宣講武士道的人。但是,如果你們的總督所謂進行日本式的戰爭指的是野蠻的肉搏勇氣或戰爭叫囂,這就像人們在日本舞臺上所看到的那樣,它們看上去很可怕,但是我認為,這根本嚇不倒在青島的德國占領者;因為戰爭的叫囂只能驚嚇野獸和動物,卻嚇不倒一個已經開化的民族,而且,人們口頭上也許一直反對德國的政策和德國政治家的策略,但是即使這樣,也沒有人會否認,德國是一個已經開化的民族,更準確地說,還是一個全副武裝的已經開化地民族。事實上,在我看來,你們日本的總督似乎忘記了,武士道並不僅僅是日本所獨有地品質。

由此我們可以看出,青島目前的局勢與1870年色當的局勢並不相同。日本目前所發動的進攻,並不能做到不用無謂的流血犧牲就加速或完成德國在遠東的色當的投降。相反,它會造成恰恰相反的結果。在青島的德國官員們一定會下令,要誓死搏鬥,他們也許認為如果不這樣做,不但不能結束戰爭,反而會延長或至少會激化這場戰爭。就消除遠東不安定的根源來講,我擔心,日本的這次輕率的進攻──

大日本帝國為反對在青島的一小部分德國官員而大舉出師──會激起異常激烈的反感，造成民族和種族間無處不在的仇恨，它造成的結果也許是，整整一個世紀將不再有和平存在，不僅在遠東，而且在整個世界，都會如此；由於民族或種族的仇恨而發動的野蠻、血腥和可怕的戰爭，不僅使得英日的政治家大聲疾呼要保護的上海那幾個商販的商業和貿易利益，而且使得世界所有國家，最終也包括日本在內的文明的利益──文明本身，都已陷入危險的境地，並將承受毀滅性的命運。

因此我認為，日本現在所採取的進攻，也就是日英當政的國務活動家共同決定的進行，比犯罪更惡劣；如果這些政治家們是坦率的，就應和我一樣，不假思索地承認，他們希望在遠東保持和平並消除一切不安定因素而採取的行動，是一個致命的錯誤。因為每個能力卓越的人，當憑藉鎮定與平和的判斷來思考這件事時，在我看來，他們肯定都知道，在世界上所有的事務中，也就是在人類之間引起或發生的動亂、爭端與戰爭中，仇恨是最危險的感情。那些當政的英日政治家們是否清楚，日本在青島踏上競技場進攻一小部分德國占領者而激起和帶來的那種痛苦的情感，那種痛苦的民族和種族情感，會在地球上各個國家或民族之中延續多少代的仇恨？

我把青島看作德國殖民主義政策和歐洲帝國主義在遠東的「色當」。但是，我在這裡應該公正地也必要地澄清一點，那就是，我這麼說，並不是想表明現在的德皇和德國人

第九章

民要單獨對歐洲的帝國主義負責,他們只是在這場不可避免的歐戰中比較突出而已,對此,我堅信,所有的參與者都應該受到譴責。我堅定地認為,歐洲各國人民都應毫無例外地對歐洲的帝國主義負責,因為歐洲的帝國主義是民族主義的必然結果 —— 這是一種為了取得勢力均衡,而在今日歐洲所有國家中都存在的,被誤導的瘋狂的民族主義。我的許多歐洲朋友對我說:「你們中國人沒有民族主義。」我回答道:「感謝上帝,我們沒有。」那麼,民族主義會造成什麼後果呢?在中國,直到「新學」輸入之前,我們沒有民族主義,「新學」把民族主義帶到這個國家,關於它的各種言論所產生的第一個結果就是,上海的那些冷漠的商人們不再甘心做好兒子和好市民,不再願意作為皇帝的忠實奴僕而生活,他們產生了讚美純潔的中華帝國的需要,其結果就是一場革命,頭顱掃地,房屋焚毀,一切努力盡赴東流;民族主義在中國造成的最終結果就是,中國成了共和國,一個沒有辮子、肥頭大耳、穿著華麗陸軍元帥服的人成了大中華民國的總統,然而,當大中華民國尊貴的客人們在他的領土上咆哮和殘酷地殺人時,這位穿著威嚴軍服的總統卻一聲也不敢吭!這就是民族主義在中國造成的後果。歐洲人民的民族主義及其產物帝國主義所造成的後果,我們今天不僅在歐洲發生的悲慘大屠殺中看得清清楚楚,而且從他們在青島給我們造成的慘痛悲劇中也一覽無遺 —— 1900 年北京出現義和團運動的慘劇時,歐洲在遠東異常孤立的外交慘敗,也是民族主義的一個結果。當我談到 1900 年義和團悲劇而引起的人

們正常理智的缺失和歐洲各國在北京的外交孤立時，我引述了愛默生下面一段話：「政府總是直到很晚才明白，使用不誠實的代理人的做法，對於國家來說，就和對於個人一樣有害。」

在行文即將結束時，請允許我引述我在題為〈如今的陛下們，請三思！論日俄戰爭的道德原因〉一文中的一段話，這篇文章發表在1904年橫濱出版的《日本郵報》上，當時正值日俄戰爭期間。在敘述這場不幸戰爭的原因時，我說道：

「我想在此指出，俄國無論在軍事上的還是在外交上對日本抱有的不友好態度，都是因日本帝國政府所誤導與誤用的政策而激發的。這股激發力量來自什麼地方？那就是英日同盟。這個同盟剛一締結，我就對英國朋友說，這個同盟將要破壞遠東的和平。順便說一句，我毫不懷疑英國和日本在簽訂這一協約時，都心存好意，並且出自良好的願望，但是，任何一個冷靜且靠平和的判斷來考察這件事的人都必須承認，英日同盟產生的後果就是，在與遠東有利害關係的國家的政策和國際關係中引入了兩個不受歡迎的道德因素，而且還把這兩個因素強化十倍，這兩個因素將間接破壞和平的維繫——它們就是嫉妒與猜疑。出於這個理由，我要說，英日同盟是一個破壞了遠東和平的同盟。事實上，英日同盟也是邁向破壞在遠東有利害關係的歐洲國家之間的團結和友善關係的第一步。對此，任何公正評判此事的人都將看到，英日兩國對此同盟負有責任的政治家，要對他們拙劣且幾乎釀成犯罪的判斷能力的欠缺負責。

第九章

　　無論如果,對於日本民族來講,英日同盟是日本與歐洲各國開始接觸以來,那些當權的日本政治家所做出的一次最具災難性的外交活動。如果沒有這個英日同盟,俄國在軍事上和外交上的姿態將會完全不同,這不僅對於日本和在朝鮮的日本人如此,而且對於中國和滿洲的中國人也是一樣。事實上,如果沒有英日同盟,滿洲問題也會很容易解決。

　　如果日本人民心平氣和地反思這件事,就必定會發現,英日同盟的締結是在向世界宣布,日本準備介入歐洲政治,要去參與荒唐而瘋狂的『殖民政治』競賽,現在,這種競賽不是由國王和統治者來引領,不是由國家菁英來推動,而是被一群烏合之眾所左右;事實上,它表明日本準備加入歐洲各國開展的你爭我鬥的瘋狂的現代政治競賽中。

　　毫無疑問,沒有什麼當然的理由去阻止日本去參與歐洲政治,去變成一個世界強國——一個真正強大的,對全世界都有影響的帝國主義強國。我必須說,沒有什麼當然的理由阻止日本民族去這樣做,甚至做得更多。儘管如此,我還要對日本民族再多說一句:如果他們聽從了其英國朋友或東京教授們的話,企圖變為世界強國,並因此參與歐洲政治的瘋狂競賽,那麼,日本民族就像孟子所謂的緣木求魚者一樣,不會實現他們所渴求的目標。」

　　請原諒我冒昧而寫的這封長信。就此擱筆。

辜鴻銘

北京,8月24日。

第十章

第十章

六、義利之辯

已故的戈登將軍說過：「在遠東，如果我們必須在黑暗中摸索，那麼，我們最好沿著公平和正義之路前行。」我認為，當我們中國人奉行某項政策時，戈登，這位基督教騎士和真正的英國紳士，與「來自北京的草率書信」的作者辛博森先生比較來說，是我們更好的引導者。在這方面，如果我們中國人想要在當前西方世界歷史面臨的巨大危機的黑幕中摸索，那麼，對我們來說，最好的道路並不是辛博森先生所建議的路，也就是說，怎樣對我們有利、有好處，我們就怎麼做，相反，而應該是按照戈登將軍的話去做：「沿著公平與正義之路前行」。

在當前情況下，中國應該或將要採取的措施難道應該是與德國和歐洲其他參戰國為敵？辛博森先生說：「美國人所為之雄舉，北京人義當從之。」這聽起來確實娓娓動聽。但是，還是讓我們來審視一下，什麼才算雄舉義行。在此，我們暫不討論德國及其盟國的是非曲直，現實的情況是，整個文明世界正在對他們群起而攻之。我的觀點是，雖然大多數人都在談論國際法，但是他們卻忘了，還存在一條更高的法律，即「君子之道」。英國人稱之為遊戲規則。我還記得，當我在蘇格蘭的一所公立學讀書時，根據遊戲規則，如果糾集一夥人去打一個人，即使被打的人平日在學校頑劣調皮，

也不能把這種以多欺少的行為看作義舉。連英國中學生都嗤之以鼻的行為，辛博森先生竟稱其為壯舉。

美國採取的行動，從美國人的觀點來看，是必需且完全正確的，然而，不容置疑的是，這種行動本身並不是什麼雄舉。再說一遍，那些試圖教授中國人國際法的人根本不懂得，在中國，存在著古老且真正的國際法，它源於孔子生活的時代，它比我所知道的用於目前情況的任何一部國際法都要好。這一中國古老的國際法宣稱：「師出必以名。」但是，中國現在根本沒有對德國宣戰的理由。因為今天歐洲的爭戰，與中國沒有絲毫的關係，中國沒有值得一提的商船隊作為藉口，也不會以任何方式涉入德國的潛艇戰。在我看來，國際法的維繫與中國沒有直接關係，也不存在法官在法庭可以適用的法律，用以對德國進行審判；在我看來，那些建議中國應該怎樣做的人，根本不理解「厚顏無恥」這個詞的意思，因為中國若採取這樣的行動，便會背負無法寬恕的厚顏無恥之名。

事實上，在我看來，辛博森先生以及其他人建議中國應該與德國為敵的人，有其可以理解的、充分的理由，這就是：中國應該依計而行，因為這樣的話，中國在戰後就能得到協約國的褒獎，或更準確地說，將得到他們的保護、優待以及免於捱打。——我之所以說免於捱打，是因為辛博森先生曾說：「協約國勝利之後（可以保護弱國），凡沒有站在

第十章

勝利者一方的,都將被視為戰敗者之列!」——簡言之,這種暗示沒有別的意思,它就是想說:假如你的朋友正與六七個人大打出手,你不但不去幫助你的朋友,反而在必要的時候去打擊你的朋友,因為你可以因此得到回報,或者避免挨這六七個人的打。——這就是辛博森先生所說的道義!我個人以為,美國商人可能把這種行為描述為正確的商業準則,並頂禮膜拜,但是,每一個樸實正派的人都會把這種商業準則看作一種不可取的做法。

孔子說:「君子喻於義,小人喻於利。」我認為,為了回答中國在目前的危機中應該怎麼做的問題,我們應該做出的決定是,要成為一個君子的民族還是小人的民族。我必須指出,這是一個影響深遠的決定,因為它不但關係到中國而且關係到世界的未來。——如果中國聽取了辛博森先生和現在生活在中國的那些自私的外國人的建議,也就是,對德國,對一個和我們友好的強國,在師出無名的情況下,僅僅為了戰後從協約國得到一點點好處,就宣戰,那麼,中國就將成為一個小人的民族,如果中國成了一個這樣的民族,她就應該受到審判。

我認為非常清楚的是,中國作為一個反抗侵略的軍事弱國,她所能得到的唯一保護就是,那些比中國強大的民族在和中國打交道時,能夠把友誼、法律和正義置於利益之上。但是,如果中國在自己與德國的交往中把這種原則置之度

外，那麼，她又憑什麼期望別的國家這樣做呢！重要的是，如果中國這麼做，她就將捲入協約國一方。然而，一旦情況需要，也就是說，一旦某一天情況發生了變化，某個協約國，比如說日本，發現她不可分享的利益在中國，甚或比如說，她發現剝削、侵犯和吞併這個國家符合自身利益時，──中國對此又能說些什麼呢？中國能求助於友誼、法律和正義嗎？對此，日本會回應說：「你在和德國的關係中考慮到友誼、法律和正義了嗎？現在，我們對待你就像你對待德國那樣：我們只考慮自己的利益，就像你在對德關係中所做的那樣。」對此我要說，如果中國採納辛博森先生以及其他人的建議，像一個小人的民族那樣去做事，只考慮和最終考慮自己的利益，那麼，中國將受到審判。孟子說：「苟為後義而先利，不奪不饜。」

另一方面，如果中國現在採納戈登將軍，這位基督教騎士和真正的英國紳士的建議，按照這位「中國戈登」的話去做，他是以公正著稱的，因為他是中國人唯一可以信賴的朋友和顧問，如果中國奉行他的建議，並且堅守正義與公理之道，摒棄辛博森先生和其他在中國的自私的外國人的威脅引誘，拒絕與德國為敵，那麼，就可以表明，中國是一個君子民族，一個把友誼、法律和正義置於自己的利益之上、甚至置於自己安危之上的君子民族。如果中國在這個關鍵時刻能表明自己是一個君子民族，一個奉行「君子之道」的民族，

第十章

那麼，她就能贏得全世界的敬重，在我看來，對中國來說，全世界的敬重是比優良的武器裝備更好的保護。實際上，我堅信，由於中國是軍事弱國，而且，又因為她變為一個強國以抵抗侵略，還需很長時間才能做到，因此，從滅亡的威脅中自救的唯一出路就是，贏得全世界的敬重。

今天，人們似乎已經忘記，拋開武力，受人尊敬的得體的舉止對一個民族就像對一個個人一樣，都是一種保護。人類和民族之間的爭端與戰爭的最重要和最有影響的原因到底是什麼呢？那就是施與或承受侮辱和攻擊。所羅門說：「一個溫和的回答可以平息怒火，傷害的言詞卻能激起憤怒。」透過得體的舉止，一個人或一個民族可以免受侮辱，在文明人或文明國家之間，不管她多麼強大，只要她攻擊另一個人或另一個民族，她就會被認為不正當，在這方面，沒有哪個人或哪個民族能成為例外，這是因為，這個人或這個民族若攻擊他人，那麼，那些收到攻擊的人或者民族就會成為那些未受攻擊的人或民族的尊敬的對象，進而，得到他們的保護。事實上，現實使我感到，歐美人民根本沒有在意一個簡單的真理，這就是，得體得舉止能得到它所喚起的敬重，這對一個民族，以及對一個人來說，都是一種保護，原因就在於，戰爭爆發之前，軍備競賽的目的都是為了保護自己，在今日世界的變革中，這種動機尤顯突出。孔子說：「當陌生的民族相互攻戰時，你們應保護好大眾的品性、良好的教養

與純潔的美德。事實上，得體的舉止能感化他們，並贏得他們的敬重。」對此，我要說，對於中國來說，如果不是唯一的，但也是最好的保護就是：以德服人。

我始終認為，如果中國在當前能表明自己是一個君子之國，她就能贏得世界的敬重，並藉此拯救自己。進而，我敢斷言，如果中國現在能表明，自己是一個君子之國，並能將友誼、法律、正義置於功利、利益甚至個人安危之上，那麼，她就不僅能拯救自己，甚至還可能會拯救世界和目前世界的文明。那麼，導致歐洲目前這場可怕戰爭的主要道德是什麼呢？在我看來，主要的道德原因正在於：歐美各國以及他們的國務活動家和政客們忘記了「君子之道」，他們把孟子的教誨拋諸腦後，把法律和正義放在最低的位置，而把功利和利益高高奉上，依據孟子的意思：「苟為先利而後義」，是「不奪不饜」的。

我認為，如果歐美各國不認同「君子之道」並踐行之，並且，在他們誠實、法律和正義置於功利和利益之上之前，是不可能存在和平的。進而，我還敢斷言，在歐美各國意識到他們已經誤入歧途並開始反省之前，在他們還沒有認識到目前的殘酷戰爭並不是某個國家或某個人的惡劣造成的，而是輝煌但卻錯誤和不道德的歐洲文明及其新的教育觀、自由觀和進步觀的必然結果之前，是不可能有和平存在的，然而，這些外國人現在又希望把這種文明引入中國。在我們中

第十章

國所擁有的真正的文明與歐洲錯誤的不道德的文明之間，是存在根本區別的，這就是：歐洲文明及其「新學」教導人們，要把功利和利益置於第一位，誠實、法律和正義則出於末位，而中國真正的文明及其古老的教育卻教導人們要把誠實、法律和正義置於所有的功利和利益之上。

在這個世界歷史的關鍵時刻，中國面臨著多好的機會呀，她應該向世人展示其文明的道德至善；她應該向歐美人民展示，世界上還存在一個偉大的民族，一個由四億人口組成的偉大的民族，這個民族還懂得何為「君子之道」——這是一個把友誼、法律和正義置於功利和利益之上，置於個人安危之上的民族！有誰知道，一個四億人口組成的民族會對全世界產生怎樣的影響呢？

美國人愛默生說過：「我清楚地看到來復槍崇拜的破滅——儘管由強大的人民手持這種槍，仍無法改變它的滅亡命運；而且，正如上帝的存在一樣不容置疑的是：不是以眼還眼，以牙還牙，唯有愛與正義的律法才能帶來徹底的改變。」現在，中國還沒有足以保護自己的武裝，如果現在也去插手籠罩世界的爭端，那麼，不僅於事無補，反而會給自己帶來災難。中國在自己文明裡，也有愛默生稱之為不以眼還眼的東西，她有自己的愛與正義的法則，這就是君子之道，如果在當前世界歷史的危急時刻，中國願意運用自己文明的那種不去以眼還眼的法則，——有誰知道，正如愛默

生說的，這不會引起一次徹底的變革，並能幫助結束這場遍布全球、毀滅世界的戰爭呢？

對此，我要說：在目前世界歷史的危急時刻，如果中國能夠表明，自己是一個君子民族，那麼，這不僅能拯救自己，而且也許能拯救世界，拯救世界的文明。

馬太‧阿諾德針對他所處時代的偉大報紙預言家曾做過三次演說，在其中一次演說中，他談到：「如果我們偉大的《泰晤士報》的富有創造性和靈感的博羅威茨（Blowitz）先生是一個全知全能的人物，如果他指出了政治發展的動力、一些官員倒臺的原因，以及至今尚未嘗試而又應當嘗試的聯合，並從我們習以為常的日常事物中揭示出其中奧祕，那時，人們就常常會重提預言家的話：上帝如此智慧，以至不用收回其成命！──然而，博羅威茨先生並不是唯一的智者，上帝也擁有自己的智慧，並且無論如何，上帝的智慧總要最終獲得勝利。上帝已經福祉，如國家興衰，同眾所周知的道德原因捆在一起了。」

在行文即將結束時，我想說，現在這位正在北京忙於揭開事物奧祕的辛博森先生，也不是唯一的智者；慶幸的是，中國的未來並不取決於辛博森先生的那些聰明的建議，相反，中國的前途只取決於身處政府高位的人是否願意嚴肅且負責地正視那種道德原因，也就是上帝將其同福祉，如國家及人民的興衰，捆在一起的那種道德原因。

第十章

七、美國人的心態

在我看來，真實的情況是，現行制度下的美國人，已經丟失了先輩留下的傳統。不論怎麼說，儘管他們還盲目地尊奉憲法條文，但是，現代這些美國人已經喪失了他們先輩的那種誠實而活潑的精神，對此，一位美國詩人曾寫道：

那些養育了我們的移民們，他們飄洋過海而來，為我們發現了這塊處女地，恩賜給了我們自由的土壤。

—— 引自《總督衙門論文集》

如果人們還能記起法國大革命時羅蘭夫人說的話：「噢，自由，多少罪惡在你的名義下發生！」那麼，今天人們更喜歡傾聽英國人和美國人關於人性的言論，他們模仿法國這位夫人的口氣說：「噢，人性，多少罪惡在你的名義下發生！」在過去的兩年半時間裡，美利堅合眾國總統允許他的人民用船隻向歐洲運送火藥、甘油炸藥、立德炸藥，以及別的戰爭物資，數量之大，不僅可以用來殺死或殺傷數以百萬計的人，而還能夠用來毀滅整個人類和人類的文明，他還呼籲中立國，甚至貧窮而又無能為力的中國，為了人性和文明，應該著手準備參加這場正在歐洲發生的瘋狂屠殺與軍備競賽！噢，人性，多少罪惡在你的名義下發生！

在 2 月 21 號從北京郵局帶回的報章中，威爾伯·伍班（Wilbur M. Urban）先生把歐美國家的這種精神錯亂稱為「戰

時心態」，同時，他認為，無論如何，歐洲的這些戰爭指揮者精神狀態的腐化對此負有責任，對於美國人民智識的崩潰，他也無法原諒。但是，我以為，如果對此不能原諒，那麼，這本身就是對目前爆發的歇斯底里，以及對於實用主義的美國民眾正常理智的崩潰的最好解釋，而且，這種解釋是非常明瞭的。

有一次，卡萊爾先生憤怒地說：「美國人是一幫蠢材。」我個人以為，美國人並不是一幫蠢材，但我相信，他們是一幫孩子——一幫偉大的、早熟的孩子。為何我們中國人和美國人，無論在中國還是在美國，都能夠團結合作呢，此中原因我想在此指出，這就是，正如我在前不久出版的一本書中所指出的，和美國人一樣，我們中國人也是一幫孩子。不過，在這方面，中國人和美國人存在著下述區別：我們中國人是一幫孩子，可她是一個存續了三千多年的偉大民族，而美國人則是一個存續時間不足半個世紀的偉大民族。我曾對古德諾博士說過，早在美洲被發現以前，中國人已經在治理著一個廣袤的帝國，這位已故的博士是袁世凱的顧問，他渴望為中國制定一部憲法。除此之外，就像我在一本書中所說的，我們作為一個偉大的文明化的民族已經存續了很久，但是，中國人仍是一幫孩子，一幫擁有成人智力和思維能力的孩子，也正是這一點，成了我們中國人的優秀品質，也使我們成為世界上的一個獨特的民族。沒有中華民族這麼悠久歷

第十章

史的美國人,則是一幫單純幼稚的孩子,他們並不擁有中國人所具有的那種成人智力和思維能力。—— 有一次,一位到過美國並熟知美國人的人對我說:「美國是一個沒有靈魂的民族。」我認為這樣說是不公正的。但我認為,可以公正地說,美國是一個靈魂尚未開化的民族,他們是一幫智力尚未成熟的孩子。

事實上,如果你們能記住美國人是一幫靈魂尚未開化的孩子,你們就能夠理解美國人民的好或壞的性格特徵。—— 愛默生將美國稱之為:「偉大的、睿智的、世俗的、貪婪的美國。」所有的孩子,在他的智力稟賦尚未被充分開發,尚不能發現重要的需求之前,永遠是世俗和貪婪的。所謂智慧,對普通的美國人來講,只是基本的常識、實用的理解力,也就是作為一個聰明的動物的智力。美國人所擁有的這種實用的智慧實際上是非常強大的,而且,這也是一種健康的、安全的、可靠的智慧,它要比學習訓練而生的智慧更加可靠,也就是說,當人們處理的是物質世界的那些簡單的實體或東西時,如伐樹、屠宰、燒炒貝殼時,他們所用的就是這種智慧。但是,當人們面對的是非物質世界的複雜的事情時,比如教育、宗教、文明和國際法等,那麼,正如羅斯金所說,美國人的這些本來還可以勝任的基本常識就變成了應拋棄的、簡單的、幼稚的和危險的無知了。事實上,我想在此指出,美國人儘管綜合了世界各民族的睿智,

但是，即使與最拙劣的騙子打交道仍然會上當，其中的原因就在於，普通美國人的智慧、甚至受過良好教育人的智慧，只不過是基本的常識，是聰明動物的智慧而已。

此外，像所有的孩子，尤其是那些營養充分胃口很好的孩子一樣，總起來講，美國人心地善良而且慷慨大方。但是，美國人的這種善良與慷慨，就像孩子的行為一樣，從沒有公平、穩定、大量和持久過，相反，他們經常表現得瘋狂、放肆和不可靠。在歌德的作品《威廉·梅斯特》中，有很好得例子，能充分說明美國人善良習性的不穩定。在這部著名的小說中，主角菲利克斯（Felix）是一位英雄的兒子，有一天早上他來到父親面前，傷心地哭泣並抱怨說，一位看馬人粗暴地打了一匹他心愛的馬。可就在同一天下午，他父親卻發現，他逮住一隻活鴿子，擰住它的脖子直到把它弄死。—— 同樣，正是這些資助中國建造醫院的美國人，正是這些為流放的荷蘭人哭泣悲嘆的美國人，在虐待黑人，在絞殺無辜的中國人。

簡言之，我可以斷言，如果人們能夠記住美國人是一幫孩子 —— 一幫沒有教養而又早熟的孩子，一幫靈魂與精神尚未開化的孩子，那麼，對於美國宗教社會與宗教機構所表現出的稚嫩，對於美國國內政治的喧囂、荒誕和欺騙，以及對於美國外交的笨拙、幼稚和不可靠等現象，就能夠理解其中原因了。

第十章

　　但是，當我談論美國人民精神與品性上的缺陷時，我認為在這裡必須強調的一點是，人們從美國人身上發現的這些缺陷與錯誤，實際上就是毫無教養的孩子所具有的那些缺陷與錯誤。事實上，美國的一幫烏合之眾正在而且仍將繼續實施的這些犯罪行為，即絞殺無辜的中國人，虐待黑人，不過是無教養的孩子的行為，不過是孩子的衝動和魯莽的行為，他們並不是那些道德腐化敗壞的成人的深思熟慮而又殘酷的行為。換言之，美國人民的精神與品性上的缺陷，如我所說，僅僅是糟糕教育的結果。

　　讓我們以美國人品性中最大的缺陷之一為例——即他們的粗野。羅斯金說：「粗野的本質在於缺乏感情。赤裸且不可饒恕的粗野不過是因缺乏教化與開發而導致的肉體和精神的愚鈍，但更準確地說，先天的粗野能夠滋生肉體與靈魂的可怕的冷酷，在極端的情況下，這種冷酷便可導致殘暴和罪惡。」——沒有接受過良好教育的美國人的明顯的粗野，就像羅斯金說的，不過是因缺乏教化與開發而導致的肉體和精神的愚鈍。與美國人不同，英國市儈與法國庸人的粗野則是與生俱來的。在我的一本寫於義和團動亂後的名為《總督衙門論文集》的書中，我舉了一個我稱之為真正的先天粗野的例子，這是一種市儈型的粗野，在此，我想引述此例：

　　「去年夏天，當天津被聯軍攻占之後，一封向上海報紙傳達此條消息的電報描述了北方的糟糕事態：『天津，7月

15日電——大街上，幾千具屍體在烈日下腐爛。城市的大部分被淹沒在大夥之中，夜幕降臨後，火苗發出幽靈般的光彩，籠罩著這邊大地。』——接到這封電報後，當成千上萬的腐屍還在眼前晃動時，英國當局及在其領導下的上海市政廳便決定搖著五彩旗幟和燈火，騎腳踏車舉行火炬遊行，以慶祝北京發生的一切。」

這就是我所稱的與生俱來的粗野，存在於英國市儈骨子裡的粗野。——就在此時，在中國的英國報紙正把中國人的注意力引向義和團動盪時期，德皇針對時局所發表的無恥且憤怒的言論，對我來說，指出下面這一點也非常有必要，這就是，中國和世界人民也都知道，這些在上海的自稱為諾曼人後裔的英國人，在義和團動亂時期針對我們中國人都幹出了怎樣的行徑。——德皇對於他因感情衝動而在當時發表的憤怒言論，至少還可以提出一種辯解，這就是，他確實完全不了解中國人。但是，那些身處上海，生活於中國人之間的英國人，對於他們的冷酷、殘暴而且無情的粗野，即一個具有無恥、卑劣或喪心病狂的道德稟性的民族的粗野，卻不可以拿不了解中國人作為辯解。

當人們聽到某些人，尤其是英國人，他們撇開英國人的暴行不談，而專門談論美國人的粗野時，人們應當記住在美國與西班牙的戰爭中一艘美國戰艦的指揮官的行為。在戰時的一次戰鬥中，一艘美國艦船用榴彈致命地擊中了一艘西班

第十章

牙的艦船。當美國水兵看到這次打擊時,他們由於激動而大聲歡呼。可是這位指揮官卻平靜地對他的士兵說:「不要歡呼,孩子們,這些可憐的惡棍馬上就要死了。」

在我的一本名為《總督衙門論文集》的書裡,我曾說過:「這就是人們今天在美國看到的眾多情況中,還能證明美國人民心態健康的東西。」進而,我還想指出,在今天,美國人民的機體還是健康的,在我看來,除中國人外,美國人是目前世界上唯一掌握真正文明之奧祕的民族。——那麼,什麼是真正的文明的奧祕呢.

愛默生說過:「我的英國朋友問我,是否有真正的美國人?即具有美國思想的那些人?好一個負有挑戰性的問題,我想到的這種人,既不是議員也不是代表,既不是總統也不是內閣部長,更不是那些想把美國變成第二個歐洲的人。我想到的只是那些最樸素最單純的人,因此我確定的回答說:有。我解釋了無政府和不抵抗理論。我說:不容置疑,我還沒有在哪個國家看到一個有足夠的勇氣起而捍衛這條真理的人;我也明白,除了這個,沒有任何其他勇氣能贏得我的敬仰。我清楚地看到來復槍崇拜的破滅,而且,像上帝存在一樣確定無疑的是,只有愛和正義的法則才能引發徹底的變革。」愛默生闡述的這種美國思想,這種無政府和不抵抗理論,就是我所說的真正的文明的奧祕。

正如我說過的,中國人是一幫孩子。儘管我們是一幫孩

子，我們卻能夠治理這麼大的一個國家，因為我們擁有真正的文明的奧祕。簡言之，我們有能力使亞洲大陸上的大部分人民生活在和平與秩序之中，這不僅是因為我們擁有愛默生所說的那種美國思想，還因為我們從這種思想中創造了一種宗教，就像我稱之為的，一種良民之教。這就是為什麼我們和美國人雖然都是一幫孩子，但是我們能夠同美利堅合眾國團結互助，並使另一個大陸上的大多數民眾生活在和平與秩序之中，我再重複一遍，美國人民所擁有的愛默生所說的美國思想，是真正文明的奧祕。

在行文即將結束時，我要說的是，在當前這個世界歷史的危急時刻，我想把所有善良的中國人和美國人呼籲在一起，即把我們兩國中那些最質樸最純真的人，那些還信仰愛默生所說的美國思想的人，那些在他們心中還擁有父輩留給他們的真正文明之奧祕的人呼籲在一起，這樣，他們就能與我們聯合起來並幫助我們，對我們的這樣一些同胞們，即像愛默生所說的，腦子裡有歐洲崇拜病，並企圖把中國和美國變成第二個歐洲的人，──以及我們兩國中的那些愛慕虛榮的、自私的、瘋狂的、和暴怒的人，那些叫嚷應對德國開戰並參與現在歐洲發生的可怕的大屠殺的人，提出這樣的勸誡，就像那位美國指揮官對他的水兵所說的那樣：「不要歡呼，孩子們，那些可憐的惡棍──歐洲的那些可憐的惡棍馬上就要死了。」

第十章

八、孔學研究

1

子曰:「學而時習之,不亦說乎?有朋自遠方來,不亦樂乎?人不知而不慍,不亦君子乎?」(《論語·學而第一》)

在這裡,孔子是根據一個真正有教養的人的經驗來教導我們,它向我們表明,要想成為真正有修養的人,必須具有什麼樣的精神,什麼樣的品格以及什麼樣的心態。一個真正有修養的人,首先應對其研究對象傾注全部的、無私的愛,而且,他也知道,只有當他對自己的研究對象擁有真正的熱愛,他才能成為真正有修養的人。人們喜歡談論現在已經失去吸引力的中國古代教育制度的缺陷,在我看來,根據孔子的教誨來看,這種教育制度還有這樣一個優點:在古代的教育體制下,如果某位學生能成為一名受過教養的人,那麼他一定是一名君子,是一名具有真正思想修養的人。而對於現在引進到中國的新教育制度,根據「新學」理念所開展的教育,人們則不敢確定地得出上述結論。對於乾隆年間由許多大儒參與編纂並準備出版的宏大典籍,理雅各博士曾說:「外國人不應該輕視中國的那些有修養的人——那些古代學校中的有修養的人——他們已向世人證明,他們對自己的文化有真正的熱心。」可是,那些在新的體制下受過教育或

熱衷於「新學」的有教養的人──像科考「狀元」，現任農商部部長的張謇，他現在是新學的堅定支持者──這些熟諳新學的人現在對文化喪失了熱情，只是對鐵道、採煤、探油、兌換業務，即只是對那些能帶來現鈔的東西，懷有巨大的熱情。

　　在古代學校中受過教育的那些人，儘管都有不完美的地方，但他們或多或少地都有一些高雅的情趣，他們厭惡大型的聚會，──那些在巨大的廳堂中舉辦的，有茶、點心及飲料大型聚會。在古代學校受過教育的那些人中，人們從沒有聽說過他們曾在掌聲雷動、彩旗飄揚、萬頭鑽動的聚會大廳裡做過演講。古代學校受過教育的那些人只是從那些遠道而來的志同道合的朋友中獲得快樂，這些人都是慕名而來，很少是精心挑選的。那些在古代學校受教育的人仰慕孔子，在學校中學習孔子，並力爭去理解他，按照他的教誨去生活，但是，他們並沒有打算在學校裡建立孔子學會，並振臂高呼「孔子！孔子！」對古代學校受教育的那些人來說，孔學是一種宗教；但是，它是這樣的一種宗教，就像英國紳士在回答一位女士關於何為宗教的問題時所說的那樣：「它是所有理性人的宗教。」這位女士又問：「請告訴我，這樣的宗教是什麼呢？」紳士回答說：「它是一種所有理性人對之心照不宣的宗教。」

　　事實上，隨著「新學」的引入，中國那些有教養的人的

第十章

心智已發生了巨大的變化。在另一種情況下，孔子在《禮記》中說：「我聽說，來與學是一種較高的品味，我從未聽說過，去與教是一種較高的品味。」古代學校的那些學生只希望去學習，並不斷使自己的學識與涵養更加成熟和完善；而接受「新學」的那些學生卻希望去教導別人，他們致力於解釋、宣傳，並使人了解他們所創立的「新學」，諸如他們的體系、他們的「信仰」、他們的哲學、心理學或宗教。當古代學校的學生們談論「Erziehung」這個詞時，他們用的是「學問」二字，意指學習與研究。但是，接受「新學」的學生們卻改變了「Erziehung」這個詞的譯法，他們稱之為「教育」，意指「講授與教導」。例如，北京當局負責教育部門現在就叫做「教育部」（講授與教導的機構），而不再叫學部（學習的機構）。

人們也許要問，一個名字能造成什麼區別？這種區別就是，古代學校的學生們學習，是為了增長能力，完善學養。因此，他們必須挑燈夜讀，學習古代先賢的美德與智慧，並用心專研，透過這種方式，他們才可能學到知識，提高品性——用華茲華斯在《遠行》中的話說——「達到上帝、自然、人類合一」的境界，這是一位真正有修養地人應該了解和具備的知識。

可是，那些接受「新學」的學生，卻不去這樣做，即挑燈夜讀，學習古代先賢的美德與智慧，相反，而是竭盡所能

地湧向明窗淨几、萬頭鑽動的孔教會大廳，向人們講述怎樣建立一個完美的儒家教育體制，或者找到燈光明亮的基督教青年會聚會大廳去作報告，向人們講授怎樣使每個人在社會公德方面像報告人一樣臻於完善！亨利・諾曼（Henry Norman）先生在其關於「新日本」的一本書的一章中，稱日本是「一個在學校中的民族」。對於「新中國」，我恐怕，人們還不能說，她是一個在學校中的民族。對於新中國，人們只能說，她是一個不斷建造學校，建造昂貴的校舍的民族，但這只是為了把別人投入學校而修建，唯獨不是為了自己的學習。

英國詩人科伯（Cowper）在談起他那個時代的某位傳教士時，曾激動地對主教抱怨說：「哦，你們頭戴聖冕，保護教會！可你們卻不把同樣有力的雙手放在那些既不能教又不願學的人的頭上！」

晚近以來，在中國，如果一個人想成為宗教改革或是共和主義地傳教士，並不需要有一個頭戴聖冕的主教把雙手放在他的頭上，這算幸運還是不幸呢。但是，這種情形造成的後果就是，在今日的世界上，宗教改革和共和主義的傳教士已變得良莠不齊，他們包括好的、很好的、壞的、極壞的、還有那些不好不壞的，這就像人們從北京大街上的小販那裡買來的水果筐。出現那種沒有頭戴聖冕，並負責監督和指導的好主教的機率是 10：1，甚至是 100：1，—— 這種機率

第十章

小得就好比是那些絲毫沒有才幹的人,僅憑膽子大和臉皮厚就能獲得成功的機率。當前,面對那些膽子大並且臉皮厚的宗教改革和共和主義的傳教士,也即新學的傳教士,中國人顯得特別無能無力,這是因為,就我所知,貧窮的中國人直到現在還絲毫不知道這一切意味著什麼。《聖經》上說:「如瞎子引導瘸子。」孟子以其無可辯駁的方式說:「賢者以其昭昭使人昭昭,今也以其昏昏使人昭昭。」簡言之,我想在這裡指出的是,中國現在所處的毫無希望的局勢,就教育而言,症結在於今日中國的那些熟諳新學的人 —— 即那些現在已經是新學的教師或那些想成為教師的人,在此,借用英國詩人的話來說,他們之中絕大部分都是那些不能教導別人,自己也不願學習的人。

那些作為中國和中國人民真正朋友的外國人,那些確實對這個國家的教育事業感興趣的外國人,現在應當思索一下,對中小學生或者大學生來說,精神、品格和情趣方面的薰陶,要遠比他所學習的那些實用性知識更為重要。從我在本文引述的孔子的論說中,你們能夠發現一名儒生的真正精神,一名君子型儒生的精神,這種精神可以簡要概括如下:首先,他必須對其研究對象懷有無私的熱愛,並能從中找到真正的樂趣;其次,他必須只能從與那些志同道合的朋友的交往中找到歡樂,而不是在有茶、點心和飲料的大型聚會廳裡找到快樂;再次,當人們不認識他或不了解他時,他不會

報怨。那些作為中國和中國人真正朋友的外國人,如果能夠銘記孔子的教誨,那麼,當人們懇求他們在教育事業上給以贊助時,他們就能贊助那些應該得到贊助的人:這就是,那些擁有真正精神的有修養的人。中國在這個新時代所需要的,不是煥然一新的新學、新憲法、新帽子或者新靴子,而是一種新的精神——真正的精神:真正的君子之道。正如古語所云:

「精神,就是使萬物充滿生機的東西。」

九、孔學研究

2

有子(孔子的一名弟子)說:「其為人也孝弟,而好犯上者,鮮矣;不好犯上,而好作亂者,未之有也。君子務本,本立而道生。孝弟也者,其為仁之本歟!」(《論語‧學而第一》)

孔子始終強調教育、教學和文化的重要性。因為孔子和培根的觀點一樣,培根說:「專業人員,或者說實踐人員,只能做一些區域性工作或只能做出區域性的判斷;而對事務的總體規劃、設計與指揮,則最好由智者去做。」按照孔子的學說,教育、教學和文化本身並不是目的,它們應該服務

第十章

於某個目標。一個勤奮的學生學習，並不是為了成為一個知識淵博的人。而且，學生在專研過程中，伴隨、慰藉和回報給他的滿足與陶醉本身，也並不是學生勤奮學習的主要目的和目標。當有人引述中國的一句成語「開卷有益」時，程顥，這位宋朝的大學者和嚴謹的孔學的清教徒，回答說，沒有方法、目的和目標，只是為了書籍提供給我們的消遣與滿足而去毫無計畫地讀書，實在是一種浪費時間，並且，這種讀書方式還會玷汙我們的靈魂。優秀的學生專研典籍的唯一目的和目標應是：理解生活，探尋生命至理，並由此學會我們應該怎樣生活，——我們應該怎樣過真正的生活。

如果你們不折不扣地奉行孔子的教誨，像他教導的那樣去進行自我修養，去著手做一名好學生，那麼，你們就會在孔子的弟子的言語中找到孔子學說的真諦，即關於怎樣生活、怎樣真正地生活的真諦。為了弄清我們應該怎樣生活，我們首先必須對我們為何活著這個問題有一個明確的概念：我們必須弄清楚，就像基督教教義所表述的那樣，什麼是人的主要目標。基督教對此的回答是：「人的主要目標，乃讚美上帝。」這或許是正確的理解，但卻很不確定。在這方面，如我們所見，孔子的學說則更加清楚，不存在產生歧義的可能。孔子學說教導我們：「人的主要目標，乃是做一個孝子和好公民。」在我看來，這也正是孔子學說與其他主要宗教思想體系，或本來意義上的宗教，如佛教和基督教，的

根本區別。佛教和基督教的宗旨之一，是教導人們怎樣做一個好人。而孔子的學說則更進一步，它的宗旨是，教導人們怎樣做一個好公民。佛教和基督教告訴人們，如果人們想成為一個好人，成為上帝的孩子，就不應該執迷於塵世，而應該思索靈魂的狀態以及對上帝的義務。作為另一種學說的孔學則認為，儘管為了保持良好的心境而思索靈魂的狀態事實上是很有必要的，但是，與此同時，還必須思考上帝把人類置於其間的塵世，以完成根據上帝的意願所應完成的工作，此外，如果人們希望對上帝盡義務，那麼，同時也必須對人類盡義務：履行作為一個孝子和好公民的義務。事實上，本來意義上的宗教，如佛教和基督教，主要是要勸誡人們，當人們作為公民居於此世時，就不能成為好人，因此，為了成為好人，就要下決心離開此世，不再去做一個公民。換言之，像佛教和基督教這類宗教，主要是告訴人們，應該怎樣隱跡於荒山野嶺，或者是北戴河的避暑小屋，整日不幹別的事，就是思索靈魂的狀態，以及對上帝應盡的義務。孔子學說與此有很大區別。如果人們樂意，可以稱之為宗教，或者是道德學說，它告訴人們，就像卡萊爾說的那樣，作為必須「納稅、交租和與人爭吵的」公民，應該怎樣生活。

簡言之，人們可以稱孔子學說為一種好公民的宗教。但是有人也會說，它根本不是一種宗教。它也許確實不是。我承認，它不是那種為追求神聖的狂熱教徒的宗教。相反，孔

第十章

子學說是一種為平民百姓，為那些納稅、付房租常人設立的宗教。但是，它也不是一種享樂的宗教。正因為它不是為狂熱的教徒設立的宗教，因此它也不是那些幸運兒的宗教，不是那些可以在北戴河的安逸享樂的人的宗教。我想在這裡指出的是，孔子的學說是這樣一種教義，按照這種教義去生活要比按照本來意義上的宗教，比如佛教和基督教，的教義去生活要難得多。如果想成為一名好的僧侶或基督徒，只需剃光頭髮，穿上袈裟，住進寺院或到北戴河去，思索其靈魂狀態或對上帝應盡的義務就行了。可是要想成為一名好的孔教弟子，他不管走到哪裡，都不僅要思索其靈魂狀態和對上帝應盡的義務，還要考慮對於人類應盡的義務，要公正適當地做事，要像對待岳母似的對待共和國總統。簡言之，孔教，也就是孔子的學說，是教導人們如何做良好公民地宗教，它不是一種享樂的宗教。此外，我在這裡還想說的是，儘管孔教，也就是孔子的學說，並未產生神聖地聖徒，但是，但它卻同本來意義上地宗教，即佛教和基督教一樣，為世界做了同樣偉大和輝煌的貢獻，正如博學的漢學教授羅伯特·道格拉斯先生在倫敦大學所說的：「儘管孔教只是一種實踐性的道德體系，適合於冷靜而且頭腦簡單的蒙古人」，但是，它卻是一種比其他任何事物都強大的力量，它使亞洲大陸上的大部分居民生活在秩序與和平之中。

現在，讓我對今日的中國感到奇怪的是，那些靠「新

學」武裝了頭腦而來到中國的人,竟要教導中國人民怎樣做一個好公民,怎樣在社會道德中完善自己,──殊不知,他們面對的中國人民,早就按好公民宗教生活了,他們只信奉「好公民」宗教;這些人還要教育中國人民怎樣去治理自己的國家,── 殊不知,他們面對的是世界上歷史最悠久國家的公民!對於這一點,那位到埃及去為英國的政治家講述應如何治理大英帝國的美國總統羅斯福,是不會有反對意見的。但是,事實上,人們不應為在中國所看到的情況感到驚訝。因為在當今中國的所謂「思想家」,厚顏而且粗野,像外國人一樣享有特權。但對我來說,這個事情的滑稽的一面 ── 或者說歷史最可悲的一面,這都隨便人們怎麼稱呼 ── 也就是說,那種試圖向一個國家的人民指引治國之術,而這種治國之術早在羅馬帝國之前就已經存在,指引這種治國之術的「新學」的滑稽之處在於,這些有教養的人,以及他們當中的菁英,這些帝國中的精神貴族,不僅提供的只是這種「毫無意義」的東西,而且還堅守著他們的「新學」,深信不疑。在我看來,只有1900年的義和團的瘋狂才能與新學的精神錯亂相提並論,新學提出的那些東西不過是換湯不換藥,就像今天人們在中國看到的穿著歐洲人衣服的中國人一樣。

嚴肅地說,在我看來,如果世界上有中國人民無需向其他民族學習的東西,那就是治理之術。英國有句諺語說:「布

第十章

丁的味道,只有吃了才知道。」(試驗勝過學習)無論在古代世界還是在現在世界,能夠在治理如此廣袤的國家方面取得成功的,除了古羅馬,也許再加上今日的英國外,人們還能給我舉出比中國更成功的國家嗎?所謂治理,在我看來當然不是指制定憲法、召開國會、談論政治、大聲吵爭等,而是指使整個國家保持和平與秩序。

中國人民在治理方面取得的輝煌成就的祕密究竟何在?這個祕密並不深奧。它就在下面這句常見的格言中:靠人而不是靠法。換言之,中國人民之所以在治理事務上取得了巨大成就,原因在於,她不是在憲法上苦惱,而是在治理之術中找到了事物的根本;另外的原因在於,中國人盡力按照好公民的方式生活。中國的立法者,那些我們所能找到的最偉大的立法者,他們並沒有荒廢法律、法規和憲法的制定,但卻放棄了看管他們所挑選的合適人選的指責。在這裡我想指出,中國的皇帝或國家元首的真正任務,並不是治理——不應該是忙於瑣碎的管理,而應該是選拔合適的人才:首要的是,要鼓舞他們所選拔的人去練就良好的精神與風範,並觀察他們是否具備了良好的精神與風範。簡言之,中國統治者或主權者承擔的真正任務是,不僅要培養國家公職人員的品格,還要培養整個民族品格。事實上,中國官員除了管理之外,也要負責培養民族品格,以便使人民有一種不依賴於政府的獨立精神。歌德在回答什麼是最好的治理形式時,曾

說：「值得追求的最好的治理形式，是使治理變得多餘的形式。」

已故的麥嘉溫博士在描述中國人的工商生活時，曾說：「人們在觀察這個民族時，所能發現的最引人注目的特點是他們的合作能力，這也是文明人最明顯的標誌之一。對他們來說，合作和聯合非常容易，原因在於他們內在具有對於權威的尊崇和遵紀守法的本能。他們的溫順馴良並不是一種精神衰落的、被閹割者的馴良，而是源於自我管理的習慣，和長時間在地方、社區或市政事務中保持自治形成的結果；面對國家時，他們懂得如何依靠自己；若是把這個民族中最貧窮和完全沒有受過教育的人帶到某個荒島之上，他們很快就能組成政治社會，就像那些受過理性民主教育的人們一樣。」

中華民族的治理取得成功的祕密，在於「靠人而不靠法」的原則，這是一個他們全心投入的原則，他們學習如何做一個好公民，而不是為憲法去絞盡腦汁，另一方面，他們在做良好公民方面取得重大進展的祕密在於，如麥嘉溫博士所言，在於其內心對於權威的尊崇，這是一個基本原則，是整個教育、教學以及「舊學」宗教體系的基礎，換言之，是中國的好公民宗教的基礎。這種內心對權威的尊崇，使我們中國人一直擁有麥嘉溫博士所稱的「理性民主」，──至少從西元紀元的漢朝開始到一直到現在，都是如此，如果我

第十章

們在內心沒有對權威的尊崇,那麼,像每個人都能看到的那樣,我們得到的就是人們所說「非理性民主」,當前混亂的共和政治下存在的就是這種東西。雖然中國的統治方式始終是君主政體,但我們卻從沒有出現過專制。可是人們現在一致地說,中國的統治,直到今日的共和時期,一直是一種獨裁統治。如果一個民族擁有理性民主的精神,就像中國人民一直擁有的,——那麼,就不可能出現專制。在中國歷史上,唯一出現過專制的時期,就是秦始皇統治的時期,這位皇帝下令焚毀書籍;這種專制的來源就是,中華民族被一種「非理性民主」精神所籠罩。事實上,這種「非理性民主」的結果——或許也是對它的治癒——就是獨裁;民主越是變得「非理性」,獨裁政治就會變得越可怕。

在中國,我敢說,我們一直擁有「理性民主」,儘管我們的治理形式始終是君主制。中華民族一直是個民主的民族。事實上,我甚至敢斷言,就我所知,中國人——我在這裡指的是真正的中國人,而不是人們現在在中國的大街上或政府機構裡看到的那些打扮成歐洲人的人或烏合之眾——是今日世界上唯一的真正民主的民族。劍橋大學國王學院的羅斯·狄金森教授,那本著名的《中國佬約翰來書》一書作者,在他最後一本遊記中寫到:「我從沒有到過這樣一個國度,這裡的人民是如此的自尊、自立和如此的熱情。比如在美國,每個人都認為有必要向你保證,他和你一樣和

善,可事實上他們卻很粗暴地對待你。這在中國卻不會發生,因為他們不會讓你感到他們不夠友善。他們沒有那種個人權力的自我意識,但卻不像人們在印度到處可看到的那種奴顏婢膝。中國人是民主主義者。從他們怎樣對待自己和怎樣對待同胞中就能看到,中國人已經達到了民主主義者期望西方國家所達到的水平。」由此,我想說,今日的中華民族是世界上唯一民主的民族。真正的「理性」民主主義者和「非理性」民主主義者之間的區別,表現如下:真正的民主主義者是這樣的人,他從來沒有感到,他沒有你們那麼好,而假民主主義者則是這樣的人,他在自我意識中已經認識到他確實不如你們,但是,他們卻自覺地透過他的權利來宣稱,他和你們一樣好。真正的民主主義者不考慮他的權利,而是考慮他的義務。假的民主主義者則堅持自己的權利,卻不履行義務。這就是理性民主與非理性民主的區別。

我想對那些中國和中國人民的真正朋友,那些對這個國家的目前境況有深切關注的外國朋友說,中國的希望並不是袁世凱。中國的希望也不是那些穿著洋裝,以舞會和茶會招待外國人的人。我想對外國人說的是,中國的希望,在於麥嘉溫博士所說的中國人內心那種對於權威的尊崇,在於她的好公民宗教!當前的現狀是,我們在過去兩年半經歷了急遽的革命動盪,我們的政府除了搜刮和揮霍錢財、釋出條令和禁止許願之外,什麼事也沒做,但是,在當前,這樣一個廣

第十章

袤的大國仍然還處在和平與秩序當中,這一點令外國人非常震驚,對於這種情形,我們應該感謝的不是像許多外國人所想像的那樣,是袁世凱部下的聰明才智,而是中國民眾的心智狀況,這就是,他們還沒有丟掉內心對於權威的尊崇和好公民宗教。簡言之,今日中國的希望不是袁世凱,而是孔子的好公民宗教。我在本文引用過的孔子的一位弟子的話,可以作為這種好公民宗教的簡明解釋,它的要點可概括如下:首先,和平、秩序、安寧乃至國家本身的存在,不是依賴於法律和憲法,而是依賴於國家的每個臣民盡力完善自身,去過一種真正虔誠的生活,或用現代的術語說,去過一種道德的生活;其次,道德生活或虔誠生活的基本和根本,在於做一個孝子和好公民;再次,好公民宗教的祕密是,人們應該盡義務而不是爭權利,人們不應對權威表現出不信任和懷疑,而應該對它的尊崇。孟子用一句話概括了這種好公民宗教:「愛其親,畏其上,世永昌。」

那些外國人,那些作為中國和中國人民真正朋友的外國人,如果能夠真正懂得孔子這位弟子的言論,就能比閱讀像貝克豪斯(Backhouse)和布蘭德(Bland)之類的聰明人關於中國的書籍更容易理解中國的真實狀況,這些書籍只是非常幼稚地向你們描述了中國地情況,這些人認為,國家興衰最終取決於僕人、隨從們品格的優劣,即那些為皇帝或皇后們擦靴、提包、撐傘的人的品格的優劣。那些力求理解孔學的

好公民宗教的外國人,應該明白,中國的和平、安寧與秩序並不取決於皇帝的僕人、皇后侍女的品格,而取決於,生活在這塊國土之上的所有的人,不論是高貴的還是卑微的,不論是外國人還是本國人,都應該盡力完善自己,去過一種虔誠的生活,也就是說,他們應該盡義務而不是爭權利——去做一個孝子和好公民。那些作為中國和中國人民真正朋友的外國人明白這些後,就可能會提供幫助,阻止那些反對和破壞好公民宗教的事物,諸如無恥、粗野、卑鄙等(在我們中國人中,少數那些樂意並能夠與此作鬥爭的人,仍處在猶豫當中,原因在於,如我所言,這些打著「新學」、進步、自由和共和旗號的事物,他們在中國就像處在治外法權中的外國人一樣,根本不受孔子及其學說的制約),而不是忍受和鼓勵這類事物。透過這種方式,那些作為中國和中國人民真正朋友的外國人,不僅能幫助在這塊國土上重建和平與秩序,而且還能支持世界上真正的文明事業,真正的進步和真正的自由。因為真正的自由,正如法國人茹伯(Joubert)所說,指的不是政治自由而是道德自由,不是自由的人,而是自由的靈魂。最初,漢語裡面的「自由」這一術語指的就是道德自由和自由的靈魂。當中國人說,在某個民族中沒有自由,那麼,他們說的是,在這個民族中沒有「道」。「道」這個字在孔子的學說中指的是我們存在的法則,而我們存在的法則又被定義為天命或上帝的律令。因此,漢語裡面的自由

第十章

是一種自由的靈魂,這是我們存在的法則,它又被理解為道德自由,是服從天命或上帝的律令。「我歡快地漫遊,因為我在尋找您的旨義。」(《舊約》119,45)

十、孔學研究

3

子曰:「舜其大知也與?舜好問而好察邇言,隱惡而揚善,執其兩端,用其中於民,其斯以為舜乎!」(《中庸》)

這裡對古代中國的舜帝所做的評論,也同樣適用於現代歐洲的兩個偉大的思想家——莎士比亞和歌德。莎士比亞的偉大之處在於,在他的所有戲劇中沒有一個完全壞的人。透過莎士比亞的戲劇可以看到,像理查國王這個被他的臣民想像成惡棍的駝子,並不是一個面目猙獰的惡棍,他甚至算不上一個真正卑鄙的壞人,相反,他卻是一個有勇敢的英雄靈魂,不過被內心強烈而失控的報復情緒所驅使,以至做出殘忍的行為,最終自身也遭遇了悲慘的結局。事實上,莎士比亞所有悲劇作品中的悲劇,和現實的人類生活一樣,並不是人性中的惡造成的慘劇,並不是本質上非常壞的但又有些小聰明的人造成的惡果,相反,它是一種令人痛心的悲劇,是那些善良、勇敢、有英雄氣概和高貴氣質的人,因為收到內心情緒的時刻而造成的慘劇。這也是莎士比亞的偉大之處。

透過莎士比亞我們可以看到，一個人的邪惡，不過是由於人的情緒強烈失控而造成的，從偉大的歌德的思想中也可以看到，魔鬼並不是由火與硫磺構成的可怕怪物，它甚至不是一個惡劣的靈魂，相反，它只是一個否定的靈魂，它不斷地否定一切，實際上，它只是一個沒有開化的實體。歌德在另外一個地方又說：「我們所謂人性中的惡，不過是一種錯誤或不完善的發展，一種畸形或變態——某種品質的缺失或不足，而不是什麼絕對的惡。」我們現在可以看到，當孔子說出前面引述的那段話時，他是多麼深刻和正確，也就是說，一種偉大智慧的真正特徵，是能夠只專注於事物本性中善的一面，而不是惡的一面。

愛默生也說：「我們根據某人所抱希望的大小來評判他的明智程度。」如果真是這樣，那麼，在個人和許多民族中盛行的所謂悲觀主義，則是精神不健康、有欠缺或畸形變態的確切標誌。

現在，我想在這裡指出的是，目前在歐洲思想和文學中所盛行的悲觀主義，是現代教育制度的必然產物——這是一種在由國家的鼓勵和支持下，為所有人提供的教育，之所以說它會導致上述結果，是因為這種制度更重視教育的數量而不是品質，只重視品質不高的受教育者的數量，而不重視真正受過教育者的品質。簡言之，這種更重視數量而不是品質的現代教育制度的必然結果，就是一種不完善的半教育，

第十章

而這種不完善的半教育的結果,就是發展不完善的人性。如果這一點是正確的,那麼,就像歌德所說,魔鬼,這個世界上的那些無惡不作的幽靈的化身,不過是些發展不完善實體,進而,目前歐洲存在的現代半教育制度的一般產品——實際上就是魔鬼的化身。魔鬼最顯著的特性,就像我們從彌爾頓那裡所得知的,以積極的方式表現為:高傲、狂妄、自負、野心勃勃、放肆、不受約束、不承認道德法則和也不敬畏這些法則或別的什麼東西;如果你正好遇上一個強悍且粗野的人的話,那麼,你就能從這個現代教育半體制的一般產品中找到所有上述特性。用消極的方式來概括魔鬼的本性則是:卑鄙、無情、自然性情的缺失、猜疑、嫉妒、對於人和人的本性以及行為動機乃至通常一般事物的悲觀看法。如果你正好遇上一個性情軟弱的人,那麼,你就能從這個現代半教育體制的一般產品找到所有上述特徵。

如果人們考慮這樣一個事實,即今日世界的人類幸福和文明事業,實際上掌握在這些魔鬼的替身手中,也就是這些現代半教育制度的不幸產物的手中,他們具備我上述所說的一切特徵,而且構成了今日歐美所謂受過教育的人和統治階層中的絕大部分;如果人們能考慮到這一點,那麼,他們就不會對今日世界所處的混亂狀態感到驚奇,就像「科學殘殺」所表明的那樣,人們稱今日歐洲的戰爭為文明的產物。導致道德社會秩序的混亂和缺失的真正原因,在於道德,如

果人們追本溯源，就將發現，當今一切公共事務陷入糟糕的混亂之態的原因在於，──精神的退化、不完善和衰落的產物；而這種精神的退化、不完善和衰落，又是現代這種錯誤的、由國家支持的教育制度，或更確切地說是半教育制度的結果，這種教育更重視教育的數量而不是品質。如果想使真正的道德社會秩序和自由終歸世界，就必須從根本上改革由現代的這種錯誤的教育體制，這種由國家支持的教育體制；邁上改革之路的第一步必須是，對於那些不合格的受教育者，嚴格控制受教育人的數量，同時，提高合格的受教育人的質量，──然後，節省對設立研究院和大學的投資，就像愛默生說的：「不要為了那些蠢材和不宜接受嚴肅高等教育的人進行投資，而應當把這些錢用於鼓勵和資助少數真正適宜接受高等教育的人，提高他們的能力，使他們的教育從根本上達到完美的境界，──簡言之，應該建立這樣的一種國家教育制度，就像古代中國和明治維新時期的日本所做的那樣，一種教育和培養君子的制度。正是由於對不限制受教育的人的數量可能產生的可怕後果的擔心，歌德在晚年傾向於認為，馬丁·路德要對歐洲文明長達兩個世紀的倒退負責，因為路德把《聖經》譯成了通俗的德國語言，為在真正受過教育的紳士中廢棄拉丁文鋪平了道路，並為不受限制的受教育者接受舒適的教育開啟了大門，這給世界造成的影響，我們現在都已經看得非常清楚了。

第十章

第十一章

第十一章

十一、孔學研究

4

子曰:「人皆曰『予知』,驅而納諸罟擭陷阱之中,而莫之知辟也。人皆曰『予知』,擇乎中庸,而不能期月守也。」(《中庸》)

我在前一章曾指出,當今世界的道德社會秩序的混亂和缺失,是由於人類的缺陷和腐化造成的,我又引用了孔子的一段話,來說明偉大、完整而健全的智慧的核心特徵,在本章裡,我又引用了孔子的另一段話,意在表明,這些所謂的智者們在私人和公共事務中毫無教養、驚慌失措的舉止,表現了他們這種只受過不完善教育的精神的自負與無用——他們表現出的恐慌,就彷彿落入一個羅網、圈套或陷阱之中,人的這種失控的情緒有時會把他自己的生命或這個世界推向這樣的混亂之中。

當某人的事務陷入無序和混亂時,人們頭腦中自然而然地首先想到地,或者產生的第一個主意,就是從無序和混亂中擺脫出來;在擺脫無序和混亂的渴望和激動的促發下,人們經常且自然地會想出一些辦法,特別是當他是一個聰明人的時候,就更會被引誘去考慮這種、那種或某些聰明的逃避或詭計,但是,這種詭計非但不能將其從失序和混亂中解脫出來,反而只能將其帶入更大地失序和混亂之中。正是由於

這個原因，我們在今天常常看到，當某個民族或者世界事務陷入失序或混亂時，總有一些自以為聰明的人，提出一些博學、棘手、複雜、和難以理解的改革方案，諸如重建立法機構、徵稅、採納金本位制等，那些更有雄心的人，甚至提出形而上的、數學的教育方法，按幾何學制定的憲法等，最令人驚奇和不可思議的，還有那種以新式的算術法則教育人們怎樣不施騙術就占別人便宜的方法，並被稱為政治經濟學。但是，所有這些聰明的人，儘管精明而且博學，但是卻非常無知，他們對這樣一個明顯而簡單的事實視若無睹，這就是，你若想要一個人在改革他失序與混亂的事務中獲得成功，毫無疑問應該首先告訴他用以推行這種改革的方式，──這種方式就是，從人本身入手。如果那個人的本性，也就是他的品格和行為、他的情感和思想的方式，以及他生活和處理事務的方式，均處於不需要改革的狀態，那麼，他的事務也就不會陷於失序和混亂。但是，如果他的本性確實處於必需改革的狀況，那麼，他對於你所教的複雜的方法或任何其他處理有關其事務的辦法，都已到了無法領會的地步。事實上，在那個自身事務陷於失序和混亂的人，重新調整和改良自身──也就是他的本性──之前，毫無疑問的是，這個可憐的人還沒有處在一種適宜的狀態，我還不敢說，他能夠推行你的那些美妙和聰明的改革計畫，只有他對於自己所處的失序和混亂狀態有了清醒的認識之後，才有

第十一章

望以明智的方式推行你的計畫,並取得豐富或正面的效果。

換言之,在國家中的個人或全體對自身事務或國家事務進行改革之前,都必須首先改革自我或者自我及其鄰人的本性。簡言之,道德改革必須先於所有其他的改革。

因此,毫無疑問,對於個人、民族乃至世界來說,當事務陷入失序或混亂時,只有一條拯救的道路,這條道路是如此明瞭,因此,如孔子所言,讓人驚訝的是,那些所謂聰明的智者竟然視若無睹。事實上,簡單來說,這條路就是,恢復靈魂的寧靜和冷靜的判斷,重新找回真實的自我,或用孔子的話說,找到道德本性的中心和重點。

因此,簡單來說,道德改革的意思就是,重新找回真實的自我。當一個陷於失序和混亂狀態的個人或民族,恢復了靈魂的寧靜和冷靜的判斷,重新找回了真實的自我,——這時,也只有在做到這點的時候,他們才能夠清楚地看到和了解他們地事務所處的真實狀態。當一個人或者民族清楚地看到了他們的事務所處的真實狀態,他們才能知道,哪條是與事態相吻合的路線,以便重新回復秩序 —— 回復到一種普遍和諧的真正秩序當中,也就是說,他們將會按照道德和正義的要求去做。當一個人把握住了真實的自我,他就能夠看到並去做符合道義的事情,這樣一來,不僅人類和事物,而且整個宇宙,那被同樣的道德秩序統治,被同樣的秩序和

252

普遍和諧統治的宇宙，都將為之響應和順從；並且關於和圍繞著這樣一個人的一切事情，也都會立刻再次回復到和諧與廣袤的秩序中去。

十二、孔教研究

5

子曰：「天下國家可均也，爵祿可辭也，白刃可蹈也，中庸不可能也。」（《中庸》）。

我在上一章描述了那種偉大精神的特徵，指出了那種似懂非懂的智者們的自負與無用，以及錯誤的古希臘文化的特徵，在分析希伯來主義本質的這一章，我又一此引述了孔子的另一段話，以揭示錯誤的希伯來主義的特徵，這就是，在道德、情感或宗教方面，由於人類本性的失衡而產生的損害和摧殘。世界宗教史透過其禁慾主義和狂熱主義的宣言向世人證明，孔子多麼準確地抓住了錯誤的希伯來主義或在道德、情感及宗教方面的人性失衡的特徵。

歌德說：「虔誠並不是最終目的，而只是一種手段，藉助這種手段，力求透過心平氣和而達到修養或人性至善的最高境界。」歌德在這裡所談到的虔誠，即那種基督教和佛教的最高美德，也同樣是日本武士道所主張的美德，這就是：

第十一章

自我克制,自我犧牲、勇敢、面對痛苦或死亡的凜然。日本武士道所堅執的這些品德,也不是最終目標,而只是達到這種目的的手段。事實上,正如馬太‧阿諾德所說的:「基督教並不是整齊方正的行為規範的僵死的彙集,而是一種性情,一種本真的心靈狀態。」或許更準確地說,基督教,佛教以及武士道,都只是一種訓練,一種對人類性情和精神進行教育的方法。這種訓練由本真品德的培養組成:在基督教和佛教中表現為虔誠,而在武士道中,則表現為自我犧牲和勇敢。這些品德的培養,正如歌德所說,並不是最終目的,而只是一種手段,藉以使個人或個人組成的民族能夠達到品格和性情的完美狀態,並且憑著這種完美的品格和性情,達到人性至善的最高境界,或者對於一個民族來說,也就是達到文明的最高水準。

然而,這種對品德的嚴格修練有可能走過了頭,並且對這種修練所追求的最終目標造成限制或損害;事實上,這樣的訓練不是在培養完美的品性和精神狀態,而是在摧殘和損害它。在這種情況下,這樣一種訓練不是一種有益的,而是有害的。舉例來說,那種自我克制的訓練,如果做過了頭,或者被仇恨和猜忌精神所左右,就像古代的斯多葛派主義者那樣,或者被一種好鬥的盛氣凌人的思想所控制,就像早期基督徒和現代神聖同盟軍那樣,那麼,這種自我克制的美德修練,從世界秩序的角度來評判,就已經不再是一種德,而

變成了一種惡——也就是一種罪，因為它不是去增進品格和精神的優雅與和諧，而是去損害和破壞它們，並藉此嚴重地危害了人性的完善和世上真正的文明。同樣，那種日本武士道所主張的勇敢或面對痛苦與死亡時無所畏懼的美德訓練，當走過了頭或被一種仇恨與猜忌精神所左右時，就會變成狂熱或道德癲瘋，從而不再是一種美德，而變成了一種罪惡，從而也就不再是真正的武士道訓練。

事實上，羅斯金說得非常正確，一個真正士兵的職責不是殺人，而是被殺。但是，士兵卻不能毫無目的地放棄生命。他必須且只能是為一個目的，一個作為士兵應該追求地真正目的而放棄生命。那麼，什麼是有道德地士兵應該追求的目的呢？毛奇（Moltke）——當代歐洲偉大的策略家，以及孫子——古代中國偉大的策略家，都一致認為，真正的策略和戰術在於，以盡可能少的死傷贏得勝利，這不僅對己方如此，對敵方也是一樣；相反，透過給地方造成不必要的死傷來獲取勝利，是最糟糕的策略和戰術。現在，我們明白了一個有道德的士兵應該追求的真正目的，以及戰爭應該指向的真正目的。偉大的策略家告訴我們，在衝突中，應該追求的真正目標是，不使對方受到傷亡而贏得勝利，戰爭所要追求的目標也是一樣，這就是：解除野蠻人的武裝，解除那些喪失理性的、暴虐的、荷槍實彈的危險瘋子的武裝，解除那些對道德、市民或社會秩序，乃至全世界的真正文明造成

第十一章

危害和破壞的人的武裝。

因此,一個真正的士兵的名聲和榮耀不在於殺敵。真正士兵的名聲和榮耀在於,他時刻準備為解除危險的、荷槍實彈的瘋子武裝而獻身。因此,投身於戰爭的真正士兵在解除危險瘋子的武裝時,他所表露的性情和精神狀態不是憤恨、蔑視或狂喜,而是因其所承擔的義不容辭的責任所導致的悲哀、憐憫和遺憾之情。當一個真正的士兵在試圖解除危險瘋子的武裝過程中被打死時,他心中沒有充滿對敵人的怨恨、蔑視和復仇之情,而是一種平靜滿意的神態和感覺,因為他盡到了自己的責任,而且他所做的,正是正義所要求他去做的。所以,那種真正的武士道訓練,不在於使人的身心對死亡的痛楚和恐懼喪失感覺,而在於調節那憤怒、憎恨和報復的本能衝動,使這些衝動的情欲受到遏制,讓它們不能擾亂人的性情與精神狀態之平靜與平衡。

一名真正的士兵在戰爭和戰死時所表現的那種精神和心靈狀態,在戈登將軍的生與死中能夠見得最為分明。戈登將軍的生與死是現代武士道最真實的典範。我曾經說過,武士道是一種對人們的性情和精神狀態的訓練,目的是讓人達到人性的完美狀態。在此我補充一點,一個真正的士兵活著的時候的生活,對他自己來說,便是一種自我約束的訓練,而當他在一場正義且必需的戰爭中死去時,則是為他的國家和世界所做的一次訓練。戈登將軍在喀土穆面對死亡時所表現

的那種精神和心靈狀態，正如他在臨終日記中所顯露的，已接近於這個世上的人類精神與性情訓練所能達到的最高境界，這就是：殉難氣節，歌德稱之為極度深刻的神聖悲劇。卡萊爾說：「你能像古希臘的芝諾（Zeno）教導的那樣，來到塵世，飽受苦難，仍舊只能算作是卑微的品質；但是，當你受盡了塵世的苦難，仍能熱愛塵世，甚至正是因為受苦才愛它，要能做到這一點，你就是比芝諾更加偉大的人，而且，這樣偉大的人即將降臨人間。」

我在文章中大力倡導的這種美德，是道德教育——在宗教教化過程中完成——應該追求的目標，而不是這種或那種或任何一種特定美德的訓練。道德教育的目標是促進和造就某種品質和心靈的狀態。和其他任何偉大的宗教體系一樣，基督教的本質和力量，並不存在於任何特定的教條乃至金科玉律之中，也不存在於後來人們歸納成體系並稱之為基督教的理論彙編和行為戒律之中。基督教的本質與力量，存在於基督的生於死中所表現的那種品格、精神和性情的完美狀態。孟子曾敘述過兩個古代先賢，在他們所處的時代，世態混亂、戰爭頻仍，這兩個人為了保持自己的情操，遠離塵世，來到荒山腳下直到死亡，孟子說道：「故聞伯夷之風者，頑夫廉，懦夫有立志。」

我曾說過，道德教育應該追求的目標，不是這種或那種或其他任何特定品德的訓練，而是促進和造就某種品質、精

第十一章

神和性情狀態。現在,欲促進和造就品質、精神和性情的完美狀態,只有一條路可走,這就是,感受那些偉大宗教的創始者的影響,學習和理解他們的生活、行為與戒條,乃至他們的情感和思維方式:即他們的品質、精神和性情的狀態,實際上就是我們中國人所謂的「道」,也就是存在的方式和生活的本質。因此,我想冒昧地宣稱,道德教育所應追求地目標,可以用《新約》裡面的這樣一句話來表述:「向我學習,因為我性情溫和、內心謙恭,這樣你就能發現靈魂的安寧。」或者像《論語》中孔子所說的那句話那樣:「夫子溫、良、恭、儉、讓。」當這樣的言語被學生們恰當的理解和領會時,它對於其道德品格、生存本質、精神和靈魂狀態的培養,要比東京或柏林最有造詣、最為博學的教授希望制定的那套培養公共和私人道德的刻板行為規則有用的多。馬太‧阿諾德說:「妄圖用正確科學化的語言、或排除了舊式錯誤的新式花言巧語來表述行為與道德勸誡準則,並達到與我們的習慣、情感與喜好已為之繫繞的舊式準則和勸誡所能收到的同樣效果,簡直是一種妄想。然而,迂腐的學究卻總是抱著這樣的幻想。這類錯誤已是司空見慣。它表明了我們之中還有不少人身存迂腐之氣。關於道德準則的正確科學化的表述,對於人類的大多數來說,絲毫沒有產生過影響。指望一種新式的花言巧語的表述,能夠像基督教(或中國的經典)那舊式熟悉的表述那樣吸引人心和激發想像,能擁有那些表

述所具有的效果,除非當這種表述出自一個宗教天才之口,能夠等同於舊式的表述,否則,這是斷然不可能的。可以斷言,以一種新式的花言巧語的表述來傳達必要的東西是做不到的。奧古斯特・孔德(Auguste Comtes)極端的迂腐,正體現在他自以為能做到這一點的虛浮的想像之中。他的弟子們的迂腐,則因為他們堅持著老師的虛浮想像。」

第十一章

第十二章

第十二章

給恩達利爾（Enquirer）的回信

—— 致《京報》的一封信

　　貴報記者恩達利爾，向您們寫到，我上一篇〈孔學研究〉是一篇「拙劣的作品」，他問道：「誰是Sinensis，他對此知道些什麼」他以一種無所不知的表情，而且令人遺憾的是，以一種傲慢且無禮的腔調，來發出這種質問，這就向人們表明，他無論是對於基督教，還是對於孔子學說，都一無所知。每個研究過基督教與孔子學說或對此略知一二的人一定知道，「無禮與傲慢」是一種惡劣的精神。基督說過：「向我學習，因為我內心謙恭、性情溫和。」孔子的弟子在敘述孔子時也說：「夫子溫、良、恭、儉、讓。」貴報記者引述某位現代評論家的話，這位評論家說：「當前，在人們開始談論孔夫子的時候，有一種致命的傾向，這就是，迷失在不確定的抽象概念之中。」我想說的是，在報紙的報導中也存在一個致命的傾向，那就是沉溺於諷刺之中。比如說，當我讀完貴報記者的信函後，我的第一個反應就是，給你們寫信，並詢問這位不負責任地說我對孔子的翻譯顯然是一種錯誤的恩達利爾先生到底是何許人物。

　　同時，在我看來，「傲慢、諷刺和無禮」要比我所厭棄的不確定的抽象概念更壞。出於這個原因，我事實上給自己訂了一條規則，那就是，從不回應對我文章的批評和攻擊。可是在目前的這種情況下，我卻要採取一個例外的行動，背離我的原則。我之所以這樣做，有著特殊的理由，因為我認

為，對此給出解釋是非常必要的，解釋一下我字斟句酌對孔子經典的翻譯為什麼與著名的漢學家或漢學大師理雅各博士的譯文完全不同，西方應當極為感謝他，是他第一次為歐洲人完整地翻譯了孔子的經典著作或中國神聖的典章，但同時我也必須指出，在我看來，他應對西方世界，至少應對英語世界的人承擔主要責任，因為他對於孔子的品格和學說作了生硬的和完全錯誤的介紹，也正是由於他的作品產生的牢固而持久的影響，人們現在需要克服非常巨大的困難，才能夠消除或改變這種情況。公正地說，對於被人們認為屬於嚴謹且做了開創性工作的學者，像理雅各博士、莫里遜（Morrison）、雷慕沙（Remusat）和其他一些人，──還有像葛理士（Giles）那種並不嚴謹的學者──人們能從他們的作品中發現多少精彩之處呢，對此，人們會馬上想到《聖經》上的一句話：「不要自詡為大師。」我必須指出，不幸的是，外國人當中存在一種錯誤的傾向，這就是，他們不會中文也不了解孔子學說，但卻什麼都研究，──結果，不但自己陷入抽象的概念之中，而且還想做一名大師或漢學家──對於這個稱號，借用霍普金斯先生談到英國領事館人員時所說的話，被生活在中國的外國人理解為「傻瓜」的代名詞。

　　漢語比任何一門其他語言都更難於直譯；如果非要直譯，那麼，這種翻譯不僅是一種誤譯，而簡直就是胡言亂語。每個漢字就如同化學中的一種元素，像氫和氧，處於游離狀態是一種單質，但是一旦和別的元素結合後，又變成完全不同的另一種物質。例如，拿「明」「白」這兩個漢

第十二章

字來說，它們一個指的是「亮」，另一個指的是「白色」，但是如果把這兩個字放在一起，指的卻不是「亮白」，而是「理解」。因此，當你們在維根─利茲飯店僱了一名翻譯，他告訴你們說，人力車伕說他不能「亮白」時，據此你們便可以知道，他是一個糟糕的翻譯。再拿另外三個字「天、地、人」來說。瞿理斯博士把古典「三字經」中的「三才者，天地人」翻譯成：「三種強大的東西是天空、地球和人類」，儘管這種翻譯表達了一定的意思，但卻不是其真正的含義或理解。但是，若把這三個字翻譯成「上帝、自然和人生」，你們就掌握了這三漢字的全部含義。孔子的博學準則指出，就字面上可翻譯為：「一名真正的學者是『對上帝、自然和人生』（引述華茲華斯的《遠行》中的話）有所了解或對此擁有正確思想的人。」

因此，我把「孝弟」兩個字譯成：「做孝子和好公民」。第二個字「弟」，儘管表面的意思就是指：弟弟。但它進而還可以理解成下級、年輕人，如果再進一步，作為修飾語使用，它指的是在年齡、地位或威望方面的尊高者之下的年輕人──尊奉在上者或遵從法律的人。如果能尊奉上者和遵從法律，他不是一個良民又是什麼呢？

要想檢查一種翻譯是否對某個漢字做出了正確的理解，人們只需把對這個字的翻譯運用在不同的地方，看看這樣的翻譯是否有意義即可。現在讓我們來看一下我把「弟」字譯成「做一個良民」的譯法，在《論語》中的各個地方是否合適。以第1章第6段為例，子曰：「弟子入則孝，出則

弟……」讓我們再以第13章第20段為例。在那裡，子曰：「宗族稱孝焉，鄉黨稱弟焉。」事實上，如果為了證明我在這裡的翻譯並不錯而必要的話，我還可以引述孟子在類似場合所講的話，來澄清疑慮。孟子把孔子的好公民學說的涵義表述為：「愛其親，畏其上，世永昌。」愛其親為「孝」，即為「孝子」；畏其上為「弟」，即為好公民。

現在，讓我們來看看貴報記者在反駁我的觀點時提出的異議，貴報記者認為，基督教和佛教的目標就是教育人們「成為好人」。對於說出這種話的這位恩達利爾先生，我們可以承認，如果某人是好人，那麼他也應該是一位好公民，我還想補充一點，不過我並不依賴不確定的抽象概念，而是具體的事實，比如，拿一位年輕的英國女士兩年前在宜昌的情況來說，由於爆發革命，領事命令她離開港口，但她拒絕這樣做。在我看來，這位婦女是一個基督教所講的好女士，也就是人們所說的好女士，但是，她卻不是一個人們所講好公民。事實上，如果對此還需要證明，即證明我的言語並非不準確，那麼，在我看來，下述事實可以作為證明，這就是，在基督教國家裡，存在兩個彼此分離而且互不干涉的機構，即教會和國家。教會旨在關心和看顧人們成為好人，而國家則旨在關心和看顧人們成為好公民。換言之，因為像擁有教會的基督教這樣的宗教，並不能教導人們怎樣成為好民，所以，在基督教國家裡，有一個與教會完全分離的機構，即國家，由她來把人們變為好公民。在中國，就像在古羅馬一樣，國家就是教會、教會也即國家，因為在中國，在孔子學

第十二章

說的薰陶下,我們擁有這樣一個宗教或者說道德系統,它既能教育人們成為好人,也可教育人們成為好公民。事實上,在我看來,今日歐洲需要解決的問題就是,找到一個像我們中國的孔子學說那樣的道德體系,用它來教育人們怎樣成為好公民,同時,在這方面讓她擁有基督教面對野蠻時所擁有的那種威力和力量,用它來教育人們怎樣成為好人。

請您允許我在這裡指出,我和貴報記者 W. P. 湯瑪斯(Thomas)先生在此觀點完全一致,我們都認為基督教是一種力量——一種強大的力量。湯瑪斯先生用他的方式說,基督教是一種引導我們皈依上帝的力量。我用我的方式則說,基督教是一種喚醒我們的靈魂、神聖的本性及皈依天國的一種力量。我還想進一步指出,那種在基督教及佛教中發揮作用的力量,也是在孔子學說中發揮同樣甚至更大作用的力量。但是,我隨後要指出,這種力量,這種在基督教中發揮作用的力量,是一種必須受到控制和平衡的力量,控制它的槓桿,如馬太·阿諾德所說,就是「基督柔和的理性」,用孔子的話說,就是「禮」或者說高雅舉止的規則。如果在基督教中發揮作用的這種力量得不到控制和平衡,那麼,這種巨大的力量,在把人們變得善良、高貴的同時,也可以把人們變得瘋狂和偏激。當費思圖斯(Festus)對包魯斯(Paulus)說:「包魯斯,你瘋啦!這種偉大的藝術使你發狂了!」在此,他誤會了聖徒發瘋的原因。過度沉迷於藝術並不能使人瘋狂;它只能使人變得愚蠢,就像人們在某些漢學家身上所看到的,他們對於漢語和孔子的學說一無所知,但

卻什麼都研究。事實上，真正讓古羅馬的保護神包魯斯發瘋的原因，讓他精神錯亂的原因，就是那種在基督教中發揮作用的力量，此時，聖徒包魯斯未能透過基督的柔理性馴服這種力量。

簡而言之，我在這裡想說的是，這種力量，這種在基督教中發揮作用的巨大力量，是這樣一種力量，即，如果它沒有透過適當的方式得到控制和平衡，就將演變成瘋狂的力量，它將毀壞公民意識，就像人們在歐洲的宗教戰爭及中國的太平天國中所看到的一樣。實際上，正如馬太·阿諾德所言，這種瘋狂的力量，除了還披著最純粹的基督教這層外衣外，是一種與公民和社會精神完全敵對的東西，它仇視古羅馬人，他們具有與我們中國人的好公民宗教相似的宗教，這種力量如此仇視有教養的古羅馬人，以致塔西佗（Tacitus）稱之為致命的迷信，基督徒稱之為被判決為仇視人類的人，事實上，這種對虔誠而又愛好秩序的古羅馬人的仇視，與馬可·奧勒留（Marcus Aurelius）追求純潔而又高貴的靈魂是一樣。但是，人類的這種狂熱，也就是像包魯斯等第一批尚不純粹的基督徒們的狂熱，在當時是一種必要的力量，對此，羅馬皇帝用他所有的鐵血僱傭軍都沒能消滅，它們也是歐洲古代異教世界最後時刻的一股必要的力量，它們能消除人類眾多的腐敗，也就是那自稱是羅馬帝國的文明社會中的腐敗。

我認為，今天歐美最迫切的任務，就是要找到一種道德體系，來教育人們怎樣成為好公民，而且，它還要擁有在基

第十二章

督教中發揮作用的那種力量,能使人成為好人的力量,事實上,就是要為歐洲尋找一個像中國的孔子學說那樣的道德體系。但是,就人們所知而言,歐美還沒有完成此項任務——而且他們離完成這項重大的任務還差得很遠。奧古斯都・孔德的道德體系、約翰・穆勒和赫伯特・史賓賽的社會倫理學體系,都沒有這種在基督教中發揮作用的力量,而且也不可能擁有這種力量;事實上,它們永遠不可能像孔子學說成為中國人的宗教那樣,也成為歐美人的宗教。這樣一種道德體系產生的先兆和預示,在我看來,是德國人現在對偉大的威瑪先知、詩人歌德的作品與學說予以的關注。

從偉大的歌德的作品和學說中,歐洲人也許有一天會找到這種宗教。簡言之,在歐美擁有這種自己的道德體系之前,就像我們中國人在孔子學說中所找到的那種道德體系,基督教都是唯一且必不可少的力量,是唯一能把社會整合在一起的力量。實際上,當我向我的歐洲朋友人提出下述問題時,經常置他們於驚訝和尷尬的境地,我問的問題就是:「如果你們在歐美去掉基督教,在地球兩大洲上的你們還剩下些什麼?」我告訴他們:「在我看來,只能剩下無敵戰艦、大砲、紅裙子、汽車、飛船、維根利茲飯店、電影演播、探戈舞及粗野的、裝滿餵得肥肥的猛獸的動物園!」

請允許我指出,我對基督教的理解來自希伯來文的聖經,是基督的基督教,而不是貴報記者所說的現代「美國式的基督教」,也不是那些像「恩達利爾」這樣的人所理解的基督教,因為他們根本不知道,狂妄、諷刺和無禮是一種

醜惡的精神。已故的主教慕雅德在1877年翻譯的杭州話版《聖經》裡說,「我們來到中國的使命,是為了傳布基督之的福音」,他在此所指的是不可言傳的基督溫和的理性,而不是「新學」。希伯來聖經的學說——也就是基督的學說和基督教,不能也不會損害中國人,在這個用無畏戰艦、汽車、飛船等構成的「新學」的時代,在孔子學說的某些部分看起來無能為力的時代,它利用基督的利劍,甚至能做些好事。實際上,如果新中國,這個我們今日看到的作為共和國的中國,在完全變成一個沒有辮子的猛獸般的民族的時候,我們就必須將孔子和他的學說完全拋棄,然後,我們將真的需要基督教,我也真的需要這把利劍,正如基督所說的,他來拯救這個世界了。

在行文即將結束時,我還想指出,我寫「孔學研究」的目的,並不是想告訴人們何為基督教。我的目的是,向那些作為中國和中國人民真正朋友的外國人闡明,孔子都講了些什麼,我們,不論是外國人還是中國人,在今天由進步、自由與共和所籠罩的時代,能夠從孔子的學說中學到些什麼。今天的情況讓我看到,那些真正為傳播基督教而貢獻力量的人,沒有能力來向我們闡述聖經所講的基督教是什麼意思,以及處於新的共和時代的中國能從基督教中學到什麼。鑒於此種原因,我敢斷言,在我看來,基督教是一種教育人們思考其靈魂狀態,並使其成為好人的宗教,而不是教導人們成為好公民的宗教。我再重申一遍,我寫這些文章和這封信的目的,不是與人們爭論什麼是基督教。在不久的將來,如果

第十二章

　　有必要，我將寫一本專門關於基督教的書，一本關於現代「美國式的基督教」的書。但是，我並不打算把該書命名為「基督研究」，而願像已故的 W. T. 斯特德先生那樣命名，他將自己的書命名為：「如果基督來到芝加哥」，類似的，我將給我的這本書命名為：「如果基督來到上海的基督教青年會」，在這裡，人們將看到商人和富賈的後代，他們一邊炒股賺錢，一邊用賺來的錢玩乒乓球和支付節日餐費，就像美國的百萬富翁在從事慈善活動 —— 事實上，富有之人一邊享受幸福的人生，一邊關心著慈善事業。

　　我必須到此停筆。這封信已經很長了。當前，在中國談論宗教已很盛行，就像剪辮子、戴禮帽和吸菸一樣。

第十三章
君子之道

第十三章　君子之道

致《京報》出版商的一封信

尊敬的先生：

我懷著極大的興趣拜讀了阿弗里德·梭爾白斯（Alfred Sowerbys）先生的信，在信中，他對傳教士和讀者的呼應做了回答。由於可怕的災難性的變故 —— 由一億七千萬人的激情挑起，並用科學的精巧屠殺和毀滅性工具武裝起來的戰爭 —— 人們幾乎失掉了勇氣。此時，人們在自問：整個世界、文明和人類還有一線希望嗎？梭爾白斯先生回答說：「有。」

他提出了一個問題：基督教在歐洲失敗了嗎？他講道，「這個問題的答案是，基督教教士應全力投入，用基督的福音和意志來幫助人們控制和化解激情和頑固，你們的工作還遠未完成。」他還說：「不要急於做判斷，而應靜心等候，你們會看到主的力量。」

毫無疑問，這一切都是非常美妙的，但是，它們又是虛無縹緲的。我認為，我們需要為希望提供一些更為確定的東西。事實上，對於作為一種道德體系的基督教的失敗，或至少說是它的缺失，提供一種證據的話，那麼，梭爾白斯先生含糊其辭的書信就是一條證據：「靜心等待，你們會看到主的力量。」我進而認為，可以證明的是，作為一種道德力量之媒介的基督教的這種含糊、缺失和無用，正是導致今日歐洲可怕災難根源。

基督說過：「愛你們的敵人。」「如果有人打了你的右

臉，就把你的左臉也給他。」毋庸置疑，這種虔誠的溫良是非常崇高和美好的。然而，這是有用和理性的嗎？如果不是，其結果如何？其結果就是，在現代歐洲，到處都是固執而又實際的人們，他們擁有完全發達的理解力和智力——他們和歐洲中世紀的人不同，他們沒有孩子氣，而這些中世紀的人，就像馬太·阿諾德說的，過的是一場心靈和幻想的生活。今日歐洲的這些固執而又實際的人們以這樣的方式做事，他們或者把基督的理性作為指明方向的道德力量，或者把這種理論拋在一邊而只相信純粹的自然力量。那些嘴上宣誓相信基督教誨的人成為耶穌會會士；而那些把道德力量拋在一邊的人，則成為軍國主義者和無政府主義者，——事實上，就像我經常所說的，變成了粗野的力量。這種耶穌會教義，即有組織的耶穌會教義，所謂的政治和外交，在和平和文明面前散布著謊言，這種無政府主義，即有組織的無政府主義，也就是軍國主義，充滿對機槍的崇拜，正是這種耶穌會教義和無政府的軍國主義，成為目前災難性變故的根本原因，而且，這種耶穌會教義和軍國主義，也是作為道德力量的基督教的缺失和無用的直接後果，它之所以欠缺和無用，就是因為它不合理性而且不切實際。子曰：「道之不行也，我知之矣：知者過之，愚者不及也。道之不明也，我知之矣：賢者過之，不肖者不及也。」

如此看來，在我們這個時代，就像梭爾白斯在基督教中所見到的，用他含糊其辭的話所表述的人類希望的來源，即「靜心觀之，你們會看到主的力量」，不過是一種幻想而已。那

第十三章　君子之道

麼,人類真的就沒有希望了嗎?不!人類還是有希望的。在我看來,人類的真正希望並不是「靜心以待,你們將看到主的力量」;人類希望的來源是孔子的君子之道。那麼,什麼是孔子的君子之道呢?簡言之,孔子的君子之道,就是按公正行事。

基督教宣稱:「愛你們的仇敵,不要互相爭鬥,走向戰爭。」可是,如我們所見,基督教以此僅僅使人類成為了耶穌會信徒,且正是這種耶穌會教義導致了可怕的戰爭。相反,孔子則說:「如果必要,你們應當去參戰,但你們必須以一種君子之風參戰,並像一名君子那樣去戰 —— 簡而言之,按公正行事。」如果你們以一種君子身分參戰,你們就必須為正義而戰。那麼,什麼是正義呢?我無法告訴你們。可我想在這裡給你們舉一個例子,它表明了人們怎樣為一件不義之事而參戰:

在孔子的家鄉魯國,有一個國王準備發動一場反對國內諸侯的戰爭。孔子的兩名在國王那裡謀事的弟子拜訪孔子時,向其講述了此事。這個故事,就是《論語》中有名的〈季氏將伐顓臾〉。

孔子問其中的一位學生:「求!無乃爾是過與?」

答曰:「否!夫子欲之,吾二臣者皆不欲也。」

孔子曰:「……且爾言過矣。虎兕出於柙,龜玉毀於櫝中,是誰之過與?」

冉有曰:「今夫顓臾,固而近於費。今不取,後世必為子孫憂。」

孔子曰：「求！君子疾夫舍曰『欲之』，而必為之辭。」

作為一名君子而參戰意味著，你們必須知道，戰爭的真正目的並不是屠殺和破壞，而是解除武裝。馮・本生在其回憶錄中寫道：「毛奇（Moltke）認為，對他來講，康尼格拉茨戰役並不是一場勝仗，而是一場敗仗。他對戰爭只有一個看法，這就是，不是把敵人殺死，而是活捉他們。一個被殺死的敵人對他毫無意義。他射殺他們，只是為了活捉。而且，每一個死者都是勝利者桂冠的一片。」

在對梭爾白斯先生回信的最後，我想要說的是，在當前，我對於文明和人類的希望並不存在於靜心以待，等待看到主的力量，而是存在於孔子的君子之道中，存在於公正行事的宗教之中。

第十三章　君子之道

第十四章

第十四章

在北京慶祝俾斯麥誕辰紀念會上的演講

編者按：

1915年4月1日，在北京維根－利茲飯店裡，旅華德國人舉行了紀念俾斯麥誕辰100週年的小型紀念會。到會的客人中有辜鴻銘先生。他應東道主阿諾德（Arnold）博士的盛請，為德國統一的奠基人講幾句話——辜鴻銘先生用德語作了一篇演講，演講文稿如下。

女士們，先生們！

今天能參加這樣的盛會，是我莫大的榮幸。我除了對尊敬的主人對我的盛情之邀感到受寵若驚之外，又安敢在慶祝這位偉大的德國人的誕辰之際，對他發表陋見呢？我深知，像我這樣的孤陋的學者，既無能力向你們描述世界歷史上這位偉大人物的崇高品格，更無力描繪他一生對歐洲重建所產生的決定性影響。可是，我將暫把客套話放在一邊，按照尊敬的東道主的意思，對俾斯麥發表點自己的看法。我之所以這樣做，是因為當我在德國作為一名年輕的學生時，在柏林的大街上親眼目睹了他的英姿之後，就對這位偉大的德意志帝國的首相生出了仰慕之情。正如拉丁詩人說的：我就這樣看見了維吉爾！

女士們先生們，首先我要對你們說的是，對我來說，俾斯麥是純粹、道地、真正的德意志精神的代表。然而，什麼

是德意志精神呢？不久以後，我將出版一本書，在該書中我試圖描述中華民族的精神。今天，為了紀念這位偉人，我將嘗試向你們闡述一下我所理解的德意志精神。在俾斯麥畢生都在踐行的偉大的演說中，在歐洲人民自從馬丁·路德在威瑪皇家大廳裡發表的世界歷史性的演說之後，所聽到的最偉大的演說中，他說：「除了上帝，我們德國人無所畏懼。」當我試圖找出一種貼切的表述，來正確恰當地概括德意志精神時，除了俾斯麥這句鏗鏘有力的話之外，我再也找不到更好的表達了。

因此，德意志精神是一種畏懼上帝的精神，是一種除了上帝無所畏懼的精神。

然而，有人也許會問我：「上帝是什麼？畏懼上帝指的是什麼？」《舊約》中的希伯來人稱上帝為公正，為法律，畏懼上帝就是畏懼不公正和不合法。但是，在我們中國人看來，上帝指的是秩序。中國南宋大哲學家朱熹說：「天治理儀。」因此，如果我們說，德意志是一個敬畏上帝的民族，我們的意思是，德意志是一個最擔心不公正和不合法，最擔心無秩序和無紀律的民族。換言之，德意志是一個仇恨無秩序和無紀律的民族。俾斯麥的這句話所表達的也正是這個意思：「除了上帝，我們德國人無所畏懼。」

因此，由於德國人民具有這種精神，所以，在我看來，為了維護歐洲的現代國家秩序和文化，他們所做的比歐洲任

第十四章

何別的民族都多。我只需指出,正是德意志民族,在歐洲推行了改革,從而把純潔和寶貴的基督教道德品性重新建立起來。自從法國大革命以來的晚近時期,歐洲國家的秩序和文化經常受到一種失控的極端主義的威脅,正是德意志民族,把歐洲國家的秩序和文化從這種威脅中挽救出來。換言之,我認為,今日歐洲的國家生活與家庭生活之所以還能享有道德與秩序,歐洲各國人民應該更多地感謝德意志民族,而不是其他的任何民族。

我敢說,因為德意志民族是一個敬畏上帝的民族,是一個仇視所有無法、無道德和無秩序的民族,所以,德意志民族在創造和維持歐洲的道德和秩序方面,比其他任何民族做的都多。有人也許要問:德意志民族是憑藉什麼手段做了這一切,從而超越其他各個民族呢?現在,有許多人,甚至也包括一些德國人,都認為,德意志民族成功地做了這一切靠的是德國的武力,靠的是德國的軍國主義。我不贊同這種觀點。我更傾向於認為,德意志民族所做的這一切,所憑藉的並不是德國的軍國主義力量,不是德國強大的武裝力量。我甚至認為,根據我的判斷,德意志民族並不是一個好戰的民族。我想說的是,德意志民族愛好戰爭,並不是為了自己,就像英國人愛好「體育」也不是為了自己一樣。德意志民族之所以要投入戰爭,是因為他們在建立世界道德與秩序時,已經找不到其他的手段,因為除了上帝,他們無所畏懼。

我再說一遍，德意志民族所做的這一切，靠的並不是軍國主義，並不是武力，並不是粗暴，並不是物質力量。那麼，德意志民族在做這一切時，靠的究竟是什麼手段呢？我說，這種手段是：德意志的真誠、德意志的義務感、德意志的忠實和德意志的勇敢。這就是德意志民族做到所有的一切所憑藉的手段，就是他們為世界做出的重大貢獻所憑藉的手段。

因此，如果我們想正確和準確地表述德意志的精神，我們不但要說，德意志民族是一個除了上帝無所畏懼的民族，而且我們還要補充說，德國人民是一個生來就帶有這四種純粹真實的德意志本質的民族：真誠、義務感、忠實和勇毅。我說，這就是德意志精神。從這個意義上說，我還認為，偉大的領袖俾斯麥是最純正、真誠和真正的代表，是德意志精神的象徵。因此，為了紀念這位偉大的、真正的和真誠的德意志人，為了慶祝他的誕辰，女士們先生們，我們要永遠銘記這四種德意志精神的品質：德意志的真誠，德意志的義務感，德意志的忠實和德意志的勇毅。勇毅者萬歲！女士們先生們，讓我們共同舉杯，為了紀念俾斯麥這位偉大的領袖，乾杯！

第十四章

記辜鴻銘

記辜鴻銘

馬伯援

辜鴻銘,是一個英文學者,也是個著作大家,但是他的性情,非常古怪與頑固。記者在美國時,到圖書館去看他的著作,頗驚其多,看圖書館的小姐,接過來說,辜先生的書籍,在英美各圖書館裡,不僅是多,而且寶貴。又一位說,他的性情,卻是頑固,無論何事,總說古代的好,中國人的隨地吐痰,也說是好習慣,辜先生主張保存之。他的衣服,是長袍短褂,他的「辮子」,仍是拖著。本年十月,日本大東文化協會,請他到東京講學,這位老先生果然「惠然肯來」,向日本人講文化。十月十六日,在《日日新聞》上發表他的演說,他的開章明義說,中華的新派運動,以廣東為根據地,中華的舊派勢力,以北京為根據地。廣東是有朝氣的,北京是暮氣深深。但朝氣太過,若其目的不達,易流為過激派。北京的暮氣不振,終必沒落,乃當然的傾向。維新學者康有為,不是一位道德高上、學問淵深、信仰堅定的人物,乃是一個「藝者」——日本的女戲子——隨時隨地表演,致擔當維新的事業者,盡變為官僚。民國成立,係孫中山與張香濤的合作,現在舉步艱難,是國際的障礙。日本無支那派學者,不能協助中自,使中國的朝氣,得合理化的進展,乃一憾事。我希望中國今後自力更生,養成(1)無私,(2)謙遜,(3)簡樸三要素的生活人才,能做到「明其道不計其功,正其誼不謀其利」的工夫,而國家自然興盛。同日正

午十二時,辜先生又在日本帝國旅館泛太平洋會演說,記者先期出席,恭聽演詞,他的大意,有下述幾段意思:

一、西洋人言性惡,因為性惡,則互相猜忌,互相攻伐,演成歐洲大戰,為人類的浩劫。

二、中國人說「人之初,性本善」,其不善的原因,是為物欲引誘,主張四海兄弟,世界大同,是謂王道。

三、日本今後,當致力於中國文化,講求道德,研究王道,萬不可再學習歐洲的軍國主義,擾亂東亞。

記者讀了辜先生的議論,聽了他的演講,到了他的寓所,表示敬意外,曾邀他到青年會演說,因為北京的首都革命告成,記者北上,這事後來就放下去了。

國家圖書館出版品預行編目資料

辜鴻銘之中國人的精神：從文化交流到思想碰撞，解析中國文化的核心 / 辜鴻銘 著 . -- 第一版 . -- 臺北市：複刻文化事業有限公司 , 2024.10
面； 公分
POD 版
ISBN 978-626-7595-12-1(平裝)
1.CST: 民族精神 2.CST: 中國文化
535.72　　　　　　113014879

辜鴻銘之中國人的精神：從文化交流到思想碰撞，解析中國文化的核心

作　　者：辜鴻銘
發 行 人：黃振庭
出 版 者：複刻文化事業有限公司
發 行 者：複刻文化事業有限公司
E - m a i l：sonbookservice@gmail.com
粉 絲 頁：https://www.facebook.com/sonbookss/
網　　址：https://sonbook.net/
地　　址：台北市中正區重慶南路一段 61 號 8 樓
8F., No.61, Sec. 1, Chongqing S. Rd., Zhongzheng Dist., Taipei City 100, Taiwan
電　　話：(02) 2370-3310　　傳　　真：(02) 2388-1990
印　　刷：京峯數位服務有限公司
律師顧問：廣華律師事務所 張珮琦律師
定　　價：375 元
發行日期：2024 年 10 月第一版
◎本書以 POD 印製
Design Assets from Freepik.com